おれの生きる道

恩田利夫＝著

読書日和

生きる時の道

雪道を歩いていると、そこに人が住めるほどの、大きな洞窟があって、ずいぶんでっかいなあって、おれは、その中をのぞいていた。雪で冷やされた風が、穴に向かってながれていて、おれまで、吸い込まれそうな勢いで。洞窟を離れようとすると、後ろから「としぼちゃん」と呼ぶ声が。振り返ってみると、中学生くらいの女の子が、立っていて「としぼちゃん、行こうよ」と言いながら、おれの、手をつかんで、洞窟の中へと、ひっぱって行こうとするんです。中に入ってしまったら、もう外には、出てこられないような気がして。「そっちへ行ったら、だめだ」と言いながら、引き返した。それでも、行こうよって、強くひっぱってくるんですね。おれも、負けずと引き返す。女の子の指が、おれの手から離れた、その瞬間、脚が重たくなって一歩も前に出すことができない。

しかたがないので、這いつくばって、雪道を腕の力だけで、なんとか、洞窟から離れることができた。すると、急に脚が軽くなって、おれは、前を見ると。緑があふれた、田畑が広がっていて、ゆっくり後ろを振り返ってみると、あんなに大きかった洞窟は、どこにも見当たらない。風がながれているだけ。そして、おれは、夢から覚めたら、大汗をかいていて、激しい鼓動が、なかなか治まらない。おれは、助かったんだと、なんとなく、ほっとしたのを覚えている。

テレビからは、社会党と、新党さきがけが、連立政権から離れたことを伝えていた。

としぼちゃんという、呼び方をするのは、幼い頃に一緒に遊んでいたやつと、弟だけ。

知らない子は、そんな言い方は、ぜったいにしない。ということは、あの子は、だれなんだ。

言葉を知らないで、この世を去って行った、陽子が成長して、言葉を覚えて、としぼちゃんと呼んだとしたら？

死んだ人は、成長はしないというけど、所詮夢の中の話。

でも、おれは、そうじゃないかと思っているんだ。

ただ、なんのために、おれを洞窟へ連れて行こうとしたのか、遊び相手なら、いただろうに。

はじめに

生まれる命、生きる命、死ぬ命を考えて、はじめて命と向き合うということになる。

学校などでの、命の授業の多くは、生きる命と、少しだけ生まれる命を、考えているようにも、聞こえてきたりもしている。

生まれてくることのできなかった命にも、生まれてきた命と同じように、役割をもって、小さな炎を輝かせていたはず。

お母さんにしても、お父さんにしても、これから生まれてくる赤ちゃんの、母親になる、父親になるといった自覚を、小さな炎は、与えてくれたんですからね。

生まれてくる命は、あたりまえのことなんかではありません。どこに、アクシデントが潜んでいるのかは、分からないのです。ある意味、奇跡なことともいえるのかも、しれない。死ぬ命とて同じこと。一部始終を見ていたからこそ、受け入れられた命は、高度経済成長とともに、死ぬ命が遠くへ行ってしまったような。そういったことが、医療の進歩によって、見えなくなっているともいえそうだ。ここでは、生きる時の中を恩田利夫が、どう生きてきたのか、その道をたどってみた、物語です。

25歳までは、やりたいと思ったことは、なんでもやりなさい、なぜなら、一番吸収力がある時の中にいるのだから。

そこで、これでなら、食っていける、生きていけるというものを、手にすることができたのであるなら、そのまま、続ければいい。

手にすることができなかったのなら、きっぱりあきらめて、生きていけるものを手に入れなさいというのが、おれの持論です。

おれが生まれてから、2024年1月11日で70歳になってしまう。

日にちにすると、25567日にもなる。

そんなにおれは、生きているんだって数字を見て、すごいもんなんだなあって思ってしまいます。

この間に、どんな人と関わりをもって、どんな影響を受けて成長してきたのかで、すすめてみます。

そんな一番古い記憶、どういうわけか、はっきりと覚えているのが、不思議でもある。おれが3歳で、弟が1歳の頃、やっとつかまり歩きをしているときで、よたよたと、おれに近づいてきたので、なにが気に入らなかったのか、弟をおもいっきり突き飛ばしたのです。もちろん、弟は転がってしまい大泣きを。それを見ていた、母親に当然しかられて、おれも大泣きをする。どうしてそれだけが、はっきりと覚えているのか。その前後のことは、まったく覚えていないのです。3歳の頭で、なにか納得のいかないことがあったからなのか、そこだけ切り取られて記憶に残っているんですね。まあ、記憶なんていうものは、いいかげんなところもありますから。もしかして、4歳だったかもしれないし、5歳だったかもしれなくて、弟とけんかをしていて突き飛ばして転がした場面と、つかまり歩きのようにして近づいてきた場面が、たまたま繋がってしまった記憶の物語なのかもしれないのです。

小さい頃の記憶は、点々としていて、ほんの1コマの部分だけを、なんとか思い出せる。こんな一場面もある。

バケツ半分ほど入っていた、かにを見て、おれは、その中に手を入れ、かにをつかんでは遊んでいたら、いきなり指をかにのはさみではさまれ大泣きをしている。これも母親にしかられ大泣き。

ただ、それだけの場面なんですな。3歳なんだか、4歳なんだか分からんが、どんだけのインパクトがあったんだか、自分でも分からない。そりゃあそうですよな。65年ほど前の話なんですから。それに、子どもの頭でのことなんですから、当然のことですわな。

死ぬ命だって見逃すわけにはいきません。人は2度死ぬってことを、ご存知でしょうか。最初の死は、生物学としての死、2度目の死は、関わりをもった、すべての人が地上からいなくなったときなんですね。関わりをもった人たちには、思い出の中にその人はいます。その思い出は、勝手にさよならはしません。だから、人は2度死ぬということになるんです。平均健康寿命まで2年、平均寿命まで11年、どこまで生きられるのかは分かりませんが、どれだけの人と関わりをもって、影響を受けながら成長していくのか。

それでは、生きる時の中の物語という、道を振り返ってみることにしましょう。

誕生

1954年1月11日午前6時半過ぎの、よく晴れた寒い明け方に、近所中をまきこんでの大騒ぎ。まだ、この時代といえば、一万数千人の村では、当たり前の光景。出産というものは自宅でということですから、ご近所の手をどうしても借りなければならない。

そうした中で、おれが生まれた。

物の無い時代、決して裕福とはいえない、そんな社会にあって、人と人との関係が密接であったからこそ、戦後の混乱した社会をくぐり抜けることができたのだと思う。今の若い人たちには、考えられないくらいの、ある意味めんどくさい関係であったからこそ、自分の子どもも、よその子どもも、同じように接することができた。どこの家で子どもが生まれるだとか、どこの家のだれが死んだだとか、言っては大騒ぎして集まっていた。そうやって、地域社会の文化が作り上げられてきたのです。悪く言うなら、村社会っていうやつですよ。外から入ってきたものに対しては、遠目で受け入れがたしで、冷ややかな面もあったりして。そうとう柔軟な心境の持ち主でないと、村社会で受け入れられるまでには、一苦労なもの。それくらい、密接な社会でないと、生きてはいけない。それが戦後の貧しい日本社会、だれもが、生きるために必死であったんでしょう。

子どもも社会では、どうであったかといえば、これがなんと、同じ空間で、小さい子も大きい子も、一緒になって遊ぶ。道具がなければ、自分たちで工作して手に入れるしかない。

不思議なもんで、集まりの中には一人くらい、妙に器用なやつがいたりするものなんですよ。次の世代へと、技術が受け継がれ、子ども社会の文化が育っていく。その延長線上が村社会であり、日本社会であったとも言えるのではないだろうか。そんな1月の朝におれが生まれたわけなんだが、五体満足で誕生してくれていたらよかったんだろうが、残念ながら、そうはいかなかった。

風疹が、親子に重く、降りかかってくることになる。といっても、子どもである、おれには、はじめから普通のことでしかなかった。そりゃあそうですわな、だって最初から五体満足の自分なんて経験はなくて、当たり前のことなんですからねえ。なんか、他の人とは違うような、気がするなあんていう感じはしてましたよ。

でもねえ、疑問なんて、まったくもつことはなかったですね。他の人には見えているのに、自分だけは、なんで見えないんだろうっていったくらいで。

それ以上はなかったんですよ。それは、そういうように、おれは育てられていたからなんでしょうかね。どう育てていけば良いのかが、分からなかったから、兄弟同じように、育てていくしかなかったんじゃないだろうかと、思うんですよ。結果的には、それでよかったんですけど、だけど、親の立場では、ずっと悩み続ける。あっちの病院へ行けば、なんとかなるんじゃないかと、聞けば３人の子どもを連れて、その病院へ行き、こっちの病院へ行けば、なんとかなるんじゃないかと、聞けば、その病院へ行ってみたりしているのです。

まだ、小さい子どもが３人もいたので、それはそれは大変なことだったろう。なんてったって、１歳、３歳、５歳の、男の子を連れて行くんですから。

親というものは、すごいですよね。子どものためなら、どんなことでもしていくんですから。

こんな話も、聞かされたこともあった。風疹の影響で、障害をもって生まれた、子どもの将来を不憫に思い、父親は赤んぼうでもある、おれを背負って、中川に入り、子どもを道連れにして、自殺を実行するのです。ところが、後ろから母方の、おれから見れば、おばあちゃんが、血相を変えて、止めに入ったという。生きていればいつかは良いことがある、死んでしまったらそこで終わりだよ、としボーには、何の罪もない、だれにもないんだよって激しく言われたと。父親は、泣いて自殺を思いとどまってくれたのです。

今、こうして、おれはいる。

あのとき終わっていたら、残された家族には、どんな歴史になっていたか、生きていればいいこともあるし、いやなこともあるでしょうし、生まれた以上は生きて歴史を作る義務があると、おれは思っている。父がおれと、生きることを決断してくれて、ありがとうと言いたい。なんの疑問ももたなかった、おれが、いやというほど、思い知らされる時が、やってくるんですね。

１月生まれですから、早生まれということで、昭和28年組と一緒に小学校へ入学するわけなんですけど、１年遅らせて入学することになるんですよ。

それは、弱視ということと、やや小さすぎるということもあってのようで、それについては、なんとも思ってなくて、今まで見たこともない、大勢の子どもを見たとき、あれっ、なんかおれとは違ってる、なんでおれよりも見えるんだ、なんでおれは、いじめられるんだってね。

そりゃあ、子どもながらに恐怖でもありましたね。

とにかく、みんなと違ってるんですから、といってもふだんから、そんなことは感じていたはずなのに、なんで今さらですよ。こんなにたくさんの子どもは、見たことがないんですから。

それに、自分との違いを指摘されたことなんて、なかったんですからねえ。

それが、指摘されたことで、おれは、みんなと違うんだということを、痛いほど知らされたんですよ。

なあんだ、てことは、幼い頃から一緒に遊んでいた、みんなも知っていたけど言わなかっただけなんだということを知るのです。

学校に入るってことは、近所の子どもの社会から、もう少し大きな社会へと踏み出すということが、そういうことだと思い知らされたってことですな。

ちっちゃい頭のおれとしては、相当な衝撃なことでしたね。

当時の学校での教育方針は、弱視であろうが、とにかく、やることは、みんなと同じように進めていくのが当たり前の時代。

今だったら、障害児は特別なことでないかぎりは、みんなと同じように。

それ以外のところでは、障害にあわせて、できるかぎりの教育をしているんでしょうけど、昭和３０年代はねえ。

まあ、時代なんですから、しょうがないですわな。

いちばんつらかったのは、教科書を見るのに、目を近づけてみてはいけないということなんですよ。

そりゃあ、目を近づけてみようものなら、ダメ出しが入るんですからね。そりゃあ、あきまへんやあって、言いたいくらいですよ。だから、だんだんやる気がなくなっていく。

しかもしかもですよ、黒板の字は見えないから、前の席にいたんだけど、気がつくと、だんだん後ろの席へと移動させられていたんです。１年生の頃なら、先生も黒板に大きな文字を書いてくれるから、前の席でなら見えていて、1学期、2学期、3学期と黒板の文字は、だんだん小さくなっていき、それに合わせるように、おれの席も後ろへ後ろへと、下がっていく。

なあんてことでしょうねえ。

教科書は、目から離して読みなさいというから、やる気がなくなるうえに、席が後ろへと下げられれば、さらにやる気がなくなりますよ。おれは、この時点で完全に、学ぶことから離れていくのです。学校という場所は、妄想を楽しむお時間として、テレビで見たアニメのストーリーを、ああでもない、こうでもないと自分で勝手に描いて、1日を妄想に費やすようになったんですわ。

そうはいったってねえ、そりゃあ、長くは続きませんよ。飽きちゃいますねえ。小学校低学年では、退屈なんですよ。今思うとねえ、よくぞ退屈な時間を過ごしてこられましたねえって、ある意味褒めてやりたいくらいですかな。だって、こうして文章を書いているのも、あの時の妄想力が、今になって花が咲いたように、そうさせているんですから。たぶん、そうなんじゃないかなあって思ったりもして。あ、これフィクションじゃないよ、ノンフィクションだからね。まったくやる気のない、おれだって、みんなと同じことをしていたものだって、あります。

なんとなんと、あの時代の学校は、だるまストーブでさ、クラスごとに分けられた石炭を持ってきて、火をおこすまでのことを、ちっちゃい子どもがするんですよ。今じゃ考えられないでしょ。なにかあったら、だれが責任を取るんだって、大騒ぎになるんじゃないの。のどかな時代というか、おおらかだったというか、すごいことじゃないですか。なんでもない、大人がしていることを子どもがしているんですから、生きる力が自然に身につきますわな。石炭が入っているバケツには、何年何組と書いてあるんだけど、残念なことに、それが見えない。

だから、兄貴に見てもらって教室へ持っていったんです。火をおこすことは、自分でできたので、何のことなくやってましたね。これがねえ、笑っちゃうんですな。だって、こんなことぐらいで、先生は褒めてくれるんですよ。ほら、恩田君は目が悪くても、こうやって教室を暖めることができるんだよ、みんなと同じなんですからねって。その時だけは、なんかうれしかったですね、はじめて先生が認めてくれたんですから。

おれは、そう思ってます。あれは2年生か3年生の時で、順番が回ってきたのが、たった2回だけだったと思う。それほど記憶がないんですわ。

それからねえ、もう一つ、2年生になると算数に掛け算が入ってくるじゃないですか。2の段だったか、5の段だったか覚えてないけど、教科書は、目から離して読みなさいとの、一点張りでしたから、聞いて覚えるしかない。そんなところに、先生は掛け算を言ってみなさいと、おれを指名するのです。なんでだろうかねえ、授業にはまともに参加なんかしてないのに、先生だって、そんなことは知っているくせに、どういうことなんだろう。そこでさ、おれは、すらすらと言い放つわけね。すると先生は、ほら、恩田君は、みんなの言っていることを聞いただけで、みんなよりすらすらと言えるくらい、覚えちゃった。みんなも、がんばらなくっちゃ。これもうれしかったですねえ。子どもながらに、認められたことの、うれしさを、ここで知ることになるとは、良いんだか悪いんだかよく分からない記憶。

3年生になったときに、一緒に遊べる友達ができて、おれたちの通学地域よりも、少し遠いやつなんだけど、昼休みなんかは、プロレスごっこなどをして、よく遊んだもんでした。これが、きっかけで、学校に少し面白みを感じましたね。けっこう危なっかしい遊びをしたりしていても、担任は叱りもせず、恩田君はこんなに元気な子だったんだねえって、言いながら、気をつけて遊びなさいよっても言われていましたね。うちらの学校では、給食というものはなくて、唯一あったのが、脱脂粉乳でしてね。これが、とにかく、罰ゲームのようなものでして、おれは、本気でいやでした。なんとか飲むしかないので、がまんの日々でしたねえ。60歳以上の方でしたら、ご存知のことではないでしょうか。今から思うと、よくあんなものを、飲めたもんだなあって、ある意味懐かしい話ですけどね。

そんな中でも、2年生の2学期頃からだったか、恐怖の罰ゲームのような、脱脂粉乳から解放されるときがやってきたんですね。牛乳が出ることになり、まだこの方がましなものでして。それでも、おれは、牛乳はあまり好きな方ではなかったが、これくらいのことだったら、我慢もできるものでしたけど。

ところがですねえ、どこかには必ずご褒美というか、土曜日にはコーヒー牛乳が出たんですよ。これは、うれしかったですね。土曜の授業は、半日だけでしたから、このコーヒー牛乳を飲んでから、下校ということになるんですね。

3年生の3学期の終業式の後、いつものように通学路を、もう明日からは、ここを通ることはないんだと思ったら、涙で景色がゆがんで見えたっけ。その人にとっての通学路も、通ることのなくなった、その時から、ただの道となり、旅立ちのはじまりを告げているようにも。

別れ

おれたち5人家族の家は、母方の実家の隣にあって、そこで生まれているんですね。家の裏には土手があって、その先には畑があり川がある。朝になると川のにおいがして、空気が洗浄されたようなさわやかさがあって、大好きな場所である。

３、４歳の頃だったか、親の実家から少し離れた新居に引っ越すことになって、その家の裏にも土手があって、その先には畑があり、川がある。要するに、数百メートルくらい横にずれたようなもの。ここで、おれたちは、十数年過ごすことになるんです。

でもねえ、おれ部屋の見取り図があんまり覚えていないんですよ。

各部屋の風景は、なんとなくだけど、覚えているのに、お風呂場はどこだっけか、台所はどこだっけ、テレビが置いてあった部屋はどこだったっけか、なんででしょうねえ。

どんだけ記憶をしぼっても、出てこないんですわ。

そんなもんなんでしょうねえ。

そして、我が家にも待望の女の子・陽子の誕生です。これがよく、ピーピー泣いてね、おれたちが外で遊んでいると、家の中から妹の泣き声が聞こえてくる。哺乳瓶を抱えてミルクを、くいくい飲んでいるのを覚えているんだけど、それ以上のことは、まったく記憶にないのです。

秋のよく晴れた夕方だっただろうか、妹・陽子がこの世を去っていった。母親が廊下で泣いているのを、かすかながらに覚えています。お葬式の時だったか、はっきり覚えていないんですけど、おばあちゃんが、「としボー、陽子のほっぺを触ってみな」と言われ、触ってみると、ふっくらしていて、とても冷たいほっぺだった。

「死んじゃうってことは、冷たくなるってことなんだよ」　おばあちゃんに言われたことを、今でも、その光景と、あの冷たさだけは覚えている。これが、おれにとっての、はじめての別れだった。

ところがですよ、この数ヶ月後に2度目の別れがくるとは、幼い頭でも大人の頭でも、誰もが思ってもないことが。母親が倒れ数ヶ月後には、この世を去ってしまう。おれが覚えているのが、当時は土葬だった。掘られた穴に棺が下ろされ、小さな手で握られた土を、かけてあげたことは覚えているんですね。

これで、もう、会えないんだって、4、5歳の頭でも、そんな風に思って泣いていた。よくおばあちゃんから、聞いた話で、「としボーが、かわいそうだ」と言ってたそうで、心残りのまま去っていったということになる。風疹になんかならなかったら、こんなことには、ならなかったのにという思いはあったんでしょうね。

そりゃあそうでしょうねえ、子を思う親の気持ちは、当たり前のことなんでしょうけど。

そして、1年ほどしてからでしょうか。新しいお母さんが来てくれた。そりゃあ、うれしかったのを、なんとなく覚えているんだけど、弟なんかは、覚えているかどうか分からんけど、一番うれしかったんじゃないでしょうか。長い間お母さんがいなかったわけなんですから、なんてったって一番あまえたい時期なんですから。たぶん、そうじゃないんじゃないかと。

これで我が家に、何も起きないだろうと思いきや、またしても、大変なことが。冬の夜火災が。結局、全焼となってしまったんですけど。燃えさかる家を後にして、おれはというと自転車の後ろに乗せられ、生みの親の実家へつれられていった。翌日曇った朝に、自転車に乗せられて、土手から黒くなった骨組みだけが立っているのを見たんですね。子どもながらに、これから、どうなっちゃうんだろうって思いましたよ。それから、数週間位した頃だったでしょうか。

母親に、「としボー、おいで」と言われ、そばに行くと、坊主頭のつむじあたりに、冷たいクリームのようなものを、塗り込みながら、拝んでいたような気がする。

「これ、なあに」って聞いたら、「お祈りをちゃんとやっていれば、目が見えるようになるよ」って言って、ぎゅっとしてくれたのを思い出した。生みの親の後に、母親として心残りの思いを受けついだんだって、今から思うとそんな気がする。

どれくらいしてからでしょうか。

同じ場所に小さな家が建てられて、そこで暮らすことになる。夕方に新しい家に行くと、父親がお風呂をわかしていて、家族だけでの最初の夕食をとることになるんですね。

小さくてもどうであれ、やっぱり、自分の家がいいにきまってます。ここで、１０年ほどでしょうか、過ごすのです。そんな、小さな家にでも、いろんなことがあったりもして、こんなこともあった。

あの頃の冬は、暖を取るのには、掘りごたつで、練炭を使っていたんですね。そんな時、弟はこたつのかけぶとんを頭からかぶって、ぐっすりと眠っていたんですよ。そしたら、突然弟に激変が。一酸化炭素中毒です。兄貴が騒ぎ出し母親に告げると、ものすごい勢いで弟をこたつから出して、ほほをたたきながら声をかけるが、弟は意識もうろう。すぐに抱きかかえて外へ連れていき、新鮮な空気を吸わせていた。冬の夕刻、寒い外の中で、弟はいつまでもいたのを覚えている。そして、往診してもらい、大事なことなく事なきをえているんですな。

後になって、父親から聞いた話では、「ここで3度も悪いことが起きた。今度何か起きたとき、お前たち子どもまでもっていかれるわけにはいかないから、早く違うところに行きたい」と思ってたんだと言ってた。

その通りに、父親は、新たな場所に2階建ての家が建てたのです。

こんな面白い話を、弟から聞いている。

小学校の修学旅行に行く朝には古い家から「いってきまあす」って元気よく出かけて、翌日に「ただいまあ」って新しい家に帰ってきたなあんてことを。こんなことは、そうはないですわな。友達だって、「あれっ？」でしょ。学校に来る方向と、帰っていく方向が違うんですからねえ。ある意味、貴重な体験ですよね。でもさあ、自分の家に帰ってきたっていう、実感はあったんだろうかって思ったりもしてるんだけど。

ここで、少し時間を戻しましょう。

昭和39年の冬頃だったか、親に連れられて、川越にある埼玉県立盲学校、現在の塙《はなわ》保己一《ほきいち》学園へ行ったんですね。

もちろん、おれは、そんなことはまったく分かっていませんでしたけど。これがですねえ、学校のようにも見えるし、そうでないようにも。だってね、教室みたいなところに、入ると机が3つだとか、5つだとか、とにかく、少ないんですよ。

それでも、黒板なんかあったりもして、ここ、どこって、聞いちゃいましたよ。親に、言われたのが、ここは、おまえが、これから入る学校だよって。その時教えられた。

おれは、これでも学校なのかなあって、不思議でしたね。

おばあちゃんみたいな先生がやってきて、机の上におはじきを、いくつか並べて、それはそれはとても優しげに、いくつかなって言うんですよ。3年生のおれに、何をいわせるんだって、ちっちゃい頭でも、そう思いましたけど、ちゃんと答えました。

それが終わると、マッチをもってきて、火がつけられるかなって言うんですよね。おれにとっては、そんなこと、おちゃのこさいさいで、つけてみせた。今から思えば、だんだん核心に入ってきて、おばあちゃんみたいな先生は、漢字が書かれた用紙をもってきて、分かるところまで読んでごらんって言ったんですよ。これがねえ、おれが、どの学年にいけるのかの大一番だったとは、まったく気がつかず、途中までは読めたんだけど、そこから先が分からなくて、ギブアップ。

先生は優しく、これはね、3年生で習う漢字なんだけどねって言うんですな。これで、おれは、とんでもないことになるとは、思ってもみなかった。試験が終わり、学校説明会があって、そこでは、見たこともないものが続々と出てくるんです。

点字板でしょ、白杖でしょ、なんか、ぼつぼつした物差しでしょ、分度器でしょ、本のようになっている、ざらざらした白い紙。

なあんか、よく分からないけど、何に使うんだろうって思いましたね。そして、運命の時が。恩田君は2年生から始めますって言われたんですよ。子どものおれでも、「え？」って思いましたよ。だって、おれは、小学校に上がるのにも、1年ビハインドで、また、ここで、2年ビハインドで、なんで？

結局おれは、3年のビハインドで再スタートするってことなのって。

そんな感じで、思いましたねえ。

なんか、納得のいかなかったような、ただ、漢字が読めなかっただけじゃん。

そんなことで、4年生になれないなんて、変なのってね。それから、我が家では、盲学校行きの準備が、少しずつはじまったんです。持ち物、一つずつに、名前を書いて、なんか、小学校に上がる前の準備のようにね。3月の末になると、終業式の日に教室で、担任でもある加畑先生が、初めて、みんなに恩田君は、4月から盲学校というところに行くことになりましたと告げたのです。いつも、通ってる通学路を明日からは、通らないんだって思ったら、なんだか涙が出てきて、景色がにじんで見えたのを覚えている。

そして、４月になって、いよいよ盲学校へ行く前に、おじいちゃんと、おばあちゃんに挨拶に行ったんです。おばあちゃんは、畑仕事をしていて、これから行ってきますって言ったら、大泣きをされた。

なんか、今生の別れのような勢いで。

あの時代、埼玉の東の外れはとにかく田舎。（これから行く西部の）川越は未知の世界としか受け止められない、そんな場所。

おじいちゃんは、庭先で仕事をしていて。

そうか、行くのかって言って、お菓子の入った袋を持たせてくれた。

夕方には、雨が降り出してきて、学校から寄宿舎までの道を歩いていたのを覚えています。

これが、盲学校への旅立ちの、はじまりである。

はじまり

終業式が終わった後、通学路を一人で歩いていたら、もう、この通学路は歩くことはないんだ、涙でゆがんだ景色が、おれの、はじまりの１歩。

生まれてから１０年のひとつの節目が終わり、次の時代の旅立ちが、ここから、はじまることになる。

４月から、新しい学校へ入る前に、母親から、二つ折りでファスナーで止められる筆箱と、真新しい鉛筆をもらった。

そりゃあ、うれしかったですね。だけど、ばかだから、大丈夫かなってても思ったりもして。ちゃんと使いこなせるんだろうか、なあんてことも、心配しちゃったりしてね。

脳天気に構えていた、おれにも、やっぱりその日はやってきたんですねえ。生まれて、はじめての親元から、離れて暮らすこと、未知の世界のような学校へ行くということが。

もう、後戻りはできない、流れに従うみたいな、そんなかんじみたいな、不安でもなく、希望に満ちあふれているというわけでもなく、うれしいというわけでもなく、ただ、さびしさが少しずつあふれはじめ出したような感じが、最初のバスを降りる、一つ目の電車を降りる、二つ目の電車を降りる、三つ目の電車を降りる、そして最後のバスを降りたときというように。

今日から、いつも見ているテレビは見られないんだなあんて、横道に思いを寄せちゃったりして、やっぱり、家に帰りたいなあって思ったりもしたりして。

そんなことを感じながら寄宿舎に着いてしまった。寮母先生に挨拶をすませ、これから生活をする部屋へ連れて行かれた。ここで、親とはお別れ。

そうなると急に帰りたくなって、涙があふれてきた。

そんなところに、なんと、兄貴の同級生の古沢君が、登場。

もちろん、おれは、会ったことはなかったんだけど、としボーと言われ、びっくりした。

なんでこんなところに、おれを知っているのがいるんだ？　そしたら、としボーの兄貴は、おれと前の学校の同級生なんだよって、みんなに言っていて。

なんか、それだけで、同じ仲間がいるってことで、さびしさが小さくなってきた。これが、きっかけで、何かと目をかけてくれることになるんですね。

そんなわけですから、おれを弟のように、いろんなことを教えてもらったり、間違ってれば、しかってもくれたし、なにかと味方にもなってもらっていたから。

同世代の仲間たちからは、同じように相手をしてくれていた。

この時代といえば、まだ、タテの関係の社会で、寄宿舎の中でも、学校の中でも、そういう関係で、上の者は下の者に、ルールや、できないこと、分からないことの、めんどうをみてあげるということになっている。

おれが、小学校に上がったときも、6年生のお兄さんやお姉さんに手を引かれて、登校していたっけ。

あの頃は、班ごとに、各家を回り子どもたちを集めながら、学校へ行くといった光景があたりまえだった。

そんな社会。

最初に入った寄宿舎は、学校の敷地から歩いて5分ほどのところにあって、どうやら、この年から、小学低学年から、高等部までの男子を入れることになったらしいんですね。消灯1時間前くらいに、荷物が届き、高等部の佐々木さんに、荷をほどいてもらい、とりあえず、その日は、ふとんを出してもらった。

この佐々木さんには、なにかとめんどうをみてもらうことになる。冬になると寄宿舎での、退避訓練というものを、年に1度くらいやっているんですね。前の学校でもやっていたような気もするんだけど、あまり覚えていなくて、寄宿舎での退避訓練は、違った意味でびっくりした。

なんかねえ、本当に火災になったのかと思っちゃったから、また、どこかに連れていかれちゃうのかと、ちょっと心配したんですね。

でも、避難訓練だと知って、ものすごく安心したのを覚えている。このときは、本当に心臓が、どきどきしましたからねえ。子ども心ながらでも、それほどびっくりするんですから、リアルな避難訓練は、今から思うと、勘弁してよねって。

だって、何号室から、火鉢がひっくりかえって火災になりましたと言うから、てっきり、おれは、本当の火災かと思っちゃったんですよね。しかもしかも、非常ベルまで鳴らすんですから、たまりませんよ。こっちは、なんっにも知らない子どもなんですから。これ以降の避難訓練は、これは避難訓練ですと言ってたような気がするけど、覚えてないだけなのかも。

学校でのお話をすることにしましょう。とにかく、おれにとっては、「初めて物語」なんです。クラスの顔ぶれを見て、おれはびっくり。なんと、三上さんが、幼なじみの、かっちゃんに、そっくりだったんですね。なんで、こんなところにいるんだって、驚くくらい、とにかくよく似ていた。時間割を点字で書き取っているのを見て、やっぱり、違う人なんだって思ったね。最初の授業は、点字を覚えることなんだけどね。指で点字を触って、いくつ点があるか、分かるまで触ってみなさいということで、はじまったんだけど、同時に2年生の授業も、はじまってさ。耳では2年生の授業を、指では点字を触って分かるまでということを、1週間くらいやってたかなあ。てことはね、1週間で点字の粒が、いくつあるかが分かってきたということ。

点字というものは、1マス6個の点の組み合わせで、文字ができているんだけど。

その数と、位置関係が、指の感覚で分からないと、点字は読めないということになるんですよね。６個の点の組み合わせなんですけど、右側縦に三つの点、左側に三つの点、これが、１マス。

すべての点をうつと（メ）という文字になります。点字は、やっかいなもんで、読む点字と、うつ点字が左右違います。うった点は、紙を裏返して見れば、点のぼつぼつが触れますよね。それを、見るということなんですね。ちなみに（ア）という文字は、右上の点１個だけ、うてば（ア）になります。読むときは、左上に点があるってことになるわけですな。点字というものは、どこででも見ることができます。

たとえばですねえ、駅の中にある階段、左側の手すりに、点字が書かれています。なんで、左側なのか、点字は左手で読むからなんですよ。もちろん、右側にもありますけど、それはね、降りる人が読む点字ということ。ちょっと、分かりにくいでしょうか、すいませんねえ。はあ、そないなもんなんですかって、さらっと流しておいてくださいね。

そんな点字が１学期中には、クラスメイトとほぼ同じくらいに、指で読めるようになりましたけど、多少ゆっくりした読みではあるがね。

まあ、子どもの順応性ってことですね。

中途失明の方たちは、指で点字を読むということが、敷居が高くて、なかなかクリアーできないのが実情なんです。だから、そういったところでは、苦労しているようです。

幸か不幸か、おれは、子ども時代に点字に触れられたから、そういった苦労を知らずに現在があるんですわ。盲学校に入って、不思議だなあって思うものがあってね、とにかく、柱が多いんだろうって。

そんなのが、あちらこちらにあったら、危ないじゃないですか。ここは、盲学校ですよ。そういうものは、少なければ少ないほど、安全でもあり安心でもあるじゃないですか。子どもだった、おれなんかは、本当に分からんと。教室から用務員室へ、教室から食堂へ、寄宿舎から食堂へ行くためには、1度外に出なければならないルートになっていた。そこで、後付けで、屋根を取り付けたという、事情があってのことだったんだということを、後に知ることになるんですな。

1、2年たった頃だったか、新校舎から講堂へ行くルートが、1度外に出なければ行けなかったから、屋根が付けられた。

そうか、後付けだから、必然的に柱が多くなってたんだということを、おれは、知るんですね。

もう一つ、不思議なものといえば、学校側と寄宿舎側に、白いペンキで塗られた、幼稚園児くらいの背丈の、柱が6本くらい立っているんですよ。

その、柱の頭には、ワニの口が少し半開きしたくらいに、くりぬいてあって、その中にローラーが入っているんです。

これ、なんなんだろうって。

同級生の館山君に聞いたら、あぁ、これね、運動会のときに、鉄線リレーを、やるためにあるんだよってことは、聞いていたけど、今一つ、ぴーんとこなかった。

そして、運動会のときが、やってきた。

おれは、なあんだ、こうやって使うものだったのかって、ここで知ることになる。

寄宿舎側と学校側に、鉄線を巻いて、使わないときは、地面に垂らしておいて、使うときになったら、10センチくらいの短い竹筒を通しておいて、鉄線を巻き取ってぴーんと張る。

そうすると、走る動作時の手の振りの高さくらいになり、その竹筒を持って走れば、ほかのランナーにぶつかることなく、おもいっきり走れるってこと。

餅は餅屋なんだねえ。

うまく考えられているじゃないですか。

もう一つ、うまく考えられているものが、円周リレーというものが。

校庭の2カ所に杭を打ち、そこに、ロープを2本通して、反対側にはランナーが、先にスタートする者と、つぎにスタートする者が、ロープを持って走るんです。

2カ所作りますから、紅白に分かれてのリレーができるってもんですわな。

ちょうどコンパスで、円を描くような感じですね。

鉄線リレーにしても、円周リレーにしても、ゴールには先生がいて、ランナーを受け止めてあげる。ロープをもった、ランナーが走る。こんなふうにして、リレーが行われていたんです。こういったリレーは、３年くらい、やっていたような気もする。中学ともなれば、そんなことはしないですから、それ以降もやっていたか、分かってないです。ただねえ、５０メートル走なんかは、鐘の音に向かって走るということをしていたような気もする。鉄線リレーにしても円周リレーにしても、こんなことを、だれが考え出したんでしょうねえ。相当頭が良いというか、発想力があるというか、いずれにしても、すごいことですよねえ。

土曜日になると、午後からリーディングサービスというものがあってね、これ、なにかというと、この時代というと読書環境が、今とは比べものにならないくらい悪くて、読みたいという本があっても、点字本がなければ、そこであきらめるしかない。ちなみに、この時代の点訳をお願いしてから読めるようになるには、１年以上待たなければ、点訳本は手に入らない。

しかもお願いしても、必ず点訳されるとはかぎりませんからね。どっちにしても、１年以上待たされて、読みたいという情熱が残っているかが、はてな、ですよね。そういうことですから、リーディングサービスというものは、貴重な時間というわけですな。このリーディングサービスがどういうものかといえば。そうですねえ、想像しやすくいえば、読み聞かせみたいなものだと、解釈してください。一人の高校生が、一人か二人くらいの小学生に、本を読んで上げる。

そんなふうにしてたと思いますけどね、実際は、お兄さんやお姉さんと鬼ごっこをしたりして遊んでもらったことしか覚えていません。そんな感じの一つの事業だったんですよ。盲学校に入った最初の年は、担任の先生から、リーディングサービスを受けなさいと言われているにもかかわらず、脱走するのです。

館山君、黒木君、恩田の男の子3人、三上さん、岩手さんの女の子二人でね。だって、おれたち、本なんか読んでほしいなんて、これっぽっちもないんですから。そんなことよりも、自由に遊びたいんだもんね。ていうか、反発をすることが、なんか、背伸びをしているような。なんか、分からんけど、そういったことが、おれたち、子どもじゃないもんねえって感じでね、気分が良かったような気がする。

この、リーディングサービスでは、川越市内の高校生が、ボランティアで十数人来ていたみたいだけど、たまには、お兄さんや、お姉さんに遊んでもらったこともありましたけどね。

そういうことですから、リーディングサービスというものは、貴重な時間というわけですな。

そんなリーディングサービスも、時代の流れなのか、学校の移転によって、終わりを告げるんです。

盲学校に入った年の秋だったか、寄宿舎の前の交差点には、信号機があった。まだこの時は今のように、音の鳴る信号なんてありませんでしたから、ボタンを押して、車が止まるのを確認してからでないと、渡れなかった。そんな、信号機が音の鳴るものになったんですね。それでおれたちの、クラスが、交差点を渡る様子が、なんと、新聞に載ったんですよ。盲学校の児童が、音の鳴る信号機で交差点を渡るということでね。朝日新聞だったか、毎日新聞だったか忘れているけど、とにかく埼玉版に載った。しかもしかもですよ、おれが真ん中に写っているということで、母親はその新聞の切り抜きを、スクラップにして大事にとっていてくれた。今は、もうないでしょうけど、血眼になって、倉庫を探せば出てくるやもしれない……いやたぶん、ないでしょうね。

当時の信号は、メロディーでもなく、鳥の鳴き声でもなく、ただねえ、ポーって音が出るだけのものだった。それだけでも、当時としては最高の識別信号だったんじゃないだろうかねえ。今の信号って、鳥の鳴き声でしょ。あれ、どんなふうになってるか、ご存知でしょうか？ まず手前の信号から、カッコーだとかピヨだとか鳴ります、その後渡る先にある信号から、カッコーだとかピヨだとか鳴ります。

この繰り返しが、耳の錯覚を利用していて、音が動いているように聞こえるんです。ステレオ効果ですね。この方向で渡れますってことを、教えているんですよ。機会があったら、耳をそばだてて聞きながら、渡ってみてください。それからね、盲学校では、冬になると、こんなことが、一喜一憂していたものが、しかもです、小学生から専攻科までの生徒が、同じ時間に同じ場所で楽しんでいる、運動といっても良いんでしょうかねえ。

男子だけのことなんですけど、縄跳びなんです。学校から食堂へ行く通路の途中に、校庭側に向かって鋪装された通路があって、その先に噴水があるんですね。その通路を使って、朝礼前の20~30分くらい、昼休みの30分くらい、夕食前の30分くらいの間、交代で一人ずつ跳ぶんですね。それが二重跳び、三重跳び、四重跳びをだれが何回跳んだだとか、みんなで競い合っているんです。

これがねえ、記録を作ったりするとね、あっという間に、学校中に広まる。

今度は、その記録を破ろうと、ヒートアップするんですわ。冬恒例の縄跳びは学校が移転する70年2月までの、風景であった。ここの学校には、小中高等部があって、こんなシステムがあった。小学部には児童会が、中高等部には生徒会があるのは、どこでも同じことでしょう。この児童会と生徒会の役員が集まる、連協委員会というものがあって、学校内の決めごとをしている、組織が活躍していたんですね。まあ、いってみれば、日本やアメリカ、ロシアがあってのように、これらの集まりに、国連というものがあるのと同じことですね。この、組織ではおもに、体育祭や文化祭の実行委員となり、行事を形作っている。それ以外では、細々としたことを、やっていたような。なんで、としボーがそんなに知っているかってか？　おれは、6年生のときに、児童会会長をやっていて、この連協委員会には出席しているんですわ。

小学生ですから、ほとんど教えられることばかりでしたけど。良い経験でもあったし、勉強にもなっていましたね。その連協委員会は、学校が移転する半年前くらいに、解散をしたんです。

一つには、時代の流れというか、価値観の変化というか、今から思うと、タテ社会が、終わりの、はじまりだったのかもしれないと、考えられますね。ちょうどその頃といえば、音楽に目覚めた時期でもあった。おれが中学に入ったときに、6年生だったときの担任の先生に、ギターをいただいたんですね。

この時代といえば、フォークソングが若者たちに受け入れられていた、そんな、姿を見て、かっこいいなあって、おれは、思ったんだよ。

いただいたということで、ギターが弾きたくて、教えてもらうことにしたんです。弦を張り直して、兄貴の同級生の、古沢君ともう一人の先輩の、細田君の二人がかりでの、指導が始まるんですわ。

ギターを弾くにはこんなにも、指が痛いのかって、我慢の日々が続くんですよう。ギターを弾いたことがある人なら、分かると思うんですけど。一番の難関は、Bフラットのコードでして、人差し指は6本の弦を押さえるんだけど、これが、どうしてどうして、力がうまく入らないんですわ。これは、たまらんですよねえ。これが押さえられてきれいな音が出れば、Ｆコードなんかはすぐになんとかなるものでしてね。

どれくらいで弾けるようになったか今では、もう覚えていない。あの頃の歌本には、譜面の上にギターコードが書かれていたので、それを見ながら覚えたコードで弾いては歌ってみたりして、それが練習となってましたね。

そして70年2月半ばには、学校が宮元町から笠幡《かさはた》へ、それがものすごく不便なところへ移転するのです。

なんてったって、その頃といえば1時間に1本しかバスが出ていない、すごいところ。すぐにして、盲学校が移転してきたということで、バスの本数もほんの少しだけ増えて、バスも大きめな車両になったとか、そんなことを聞いたことがあるけど、定かではない。新しい校舎と寄宿舎に入ったときに、なんて照明が明るいんだろうって思ったし。設備も、いままでとは、雲泥の差。当時関東でいちばんの設備が良いと言われただけのことはある。学校って不思議な場所でもあって、移転したり新校舎に建て替えられたりすると、微妙に校風が変わり始めるんですよね。学校の移転となれば、時間をかけて大きく変わっていくものです。

そりゃあそうですよねえ。

古い学校と新しい学校とでは、校内の条件が違っているんですから、変わって当たり前。

そんな移転先の学校に、おれは、4年いることになるんですけど、校風が少しずつ変わり、おれが、いなくなったとき、校風が大きく変わって新しい時代がはじまるってことなんだろうね。

移転先の学校では、同じ時間に同じ空間で、あんなにヒートアップしていた縄跳びは、ここでパッタリとなくなってしまうんですね。中学を卒業する前に、進路を決定しなければならないときがやってくる。3学期の初めに進路報告書を担任に提出する。

ところが1月中旬になって、報告書が返されて。この学校でも専攻科を卒業すれば鍼《しん》灸《きゅう》の資格は取れるんのに、どうしてそんなことまでして行かなければならないんだと言われた。でも、担任にはどうしても本当のことは言えなかったんですよ。小中高と同じ空間の中で過ごすのは、人間形成にあまりよくないような気がしていて、そういう疑問を寄宿舎の先生に相談してみたんですね。恩田君は、ここで過ごすより違った風に当たった方が大きく成長できると思うよって言われた。

ずうっと感じていた疑問はやはり、違った風の中へ飛び込んでみることは、間違ってなかったんだと。

まごまごしているうちに、出願の時期が終わっていてしかたがないので、おれは最短でこの学校を出られる、あんま科を選ぶことに。

時は進み、あんま科を卒業目前に、国家試験用の模擬試験が12月にあって、担任に、こんなことを言われた。

恩田君、なんとしても合格してちょうだいって。

もちろん、その頃のおれといえば、有頂天になってましたから、落ちるわけがないって思ってましたよ。

平均点が60点以上であれば合格なんですから、ちょろいってね。ところがですよ、衛生学で27点。

30点以下が1教科でもあれば、不合格。衛生学の問題を出した先生が、うちらの教室へ来て、採点を始めたんですよ。それはそれはニコニコと、恩田不合格って言い放ったんです。ガキだったおれは、引っかけの問題を出しやがってって言ったら、先生は、よく読めば分かる問題なんだよって。

その時おれは、思いましたね。

そうか、おれの勉強法では、機械的に、ひたすら覚えていくだけの、俗にいうところの丸暗記方式では、だめなんだってことが、もう、かんべんしてくれっていうほど、たたかれた感じ。

論理的に考えて、勉強しないと、ヘレン・ケラー学院の受験に落ちるかもって。

担任の先生に頭を下げ、合格できなくてすいませんでしたって言ったら。恩田君、平均点が、クラスでたった一人だけ、61点を取ってくれただけで、先生はうれしいよって言ってくれた。

このことを境に、おれの頭は切り替わる。あんま科を卒業して、進学試験がはじまった。受験当日、問題を見て、ビックリ。マーク方式の問題だったら（合格不合格）どちらに転ぶかは運次第という気がするけど、論文形式の問題だったので、これだったら何か書けばなんとかなるんじゃないかと。

あの時衛生学で不合格になってくれて、ありがとうって思いましたね。勉強のしかたを変えたことで、論理立てて答えを書くことが、とりあえずはできた。

今から思うと、論理的に考える勉強のしかたが、普通なんだけどね。おれは、なにをやってたんだろうか。

そして、74年3月に、埼玉県立盲学校を卒業して、4月には東京は高田馬場《たかだのばば》にある、ヘレン・ケラー学院へ進学することに。ここで知ったことは、公立の学校と、私学とでは、えらい違いがあるってことを、驚きました。

私学には金もあるんだろうから、それなりの教材がそろっているんだろうと思いきや、なんとなんと、ほとんどなかった。

そうか、なんだ、私学というところは金がなくてピーピーしてるんだって。そんな、鍼灸科に入ったんだな。進学して、最初に思い知らされたのが、教育方法が公立と私学とでは少し違うことも思い知らされた。こちらの学校は、中途失明者の社会復帰を目的としているので、あんま技術が最高レベル。おれは、足元にも及ばない。卒業してすぐに、使える技術が求められているってことなんですね。公立（盲学校）卒業後、病院勤務用の技術を、方針としている教育。おれがいた時代の話だけど。

この違いは、おれにとっては大きすぎると思い、悔しいけれど、あんま技術を、同級生（内部進学）の米山さんに、教えてもらうことにしたんです。

これがですねえ、目から鱗《うろこ》が落ちるようなものでしてね。

もうびっくりなんです。

盲学校では、教えてはくれなかった、ポイントポイントに指で圧されるたびに、とにかく気持ちいいんですよ。

ヘレン・ケラーの卒業生は、治療院などに就職すると即戦力として働くことを求められるからって先生に言われて、納得。

これが、おれを、大きく変えることだとは、その時はまったく気づいてはいなかった。

最初の1年間は公立と私学との違い、校風の違いがあまりにも大きく、なかなかなじめなくて、行く気がなくなったりした日もあったけど、ここでリタイヤしちゃったら何のためにここに来たのか分からなくなってしまうし、負けたくはないというのもあったから、とにかくここはおとなしく流れに従っていこうと。

なんてったって、同級生には自分の親ほどの年齢の人が、ごろごろいるんですから、世代間の違い、社会経験のあるなしの違いは、天と地ほどで。

そんなところに、自分で決断して飛び込んだんですから、なにもいえませんしね。

そんなふうに考えていたら、気がつけば校風にどっぷりとなじんでいた。

今から思うと、盲学校では、あんなに反対されたのに、それを押し切って進学したことは、間違ってはいなかったと。

なぜなら、今の自分の基礎をここで築き上げてもらえたから。

それは、固く信じているところである。

点字から離れる

盲学校に入ったおれは、あっという間に、墨字から離れていってしまった。

目が疲れるようになり、担任からストップがかかり、恩田君は、点字だけにしなさいってことで。

ここを境に、墨字から離れることになった。

今から思うと、眼圧が上がってしまい、やや体調不良にもなっていたんですね。子どもだったおれは、そんなことは分かってなかったから、なんで気分が悪くなるんだろうって思ってただけ。

鉛筆は、筆箱の中に。

その筆箱は、かばんの中で数年過ごすことになる。

そんなおれが再び墨字の世界へ、少しだけ入り込むことになったのです。

はっきりと覚えていないんだけど、７３年頃だったかな。

学校の中でカナタイプをやり始めるやつがいて、いつの間にか同好会ができ、おれもなんとなく入ってしまったんですわ。

最初はねえ、とにかく面白みのないことをやらされていて。

基本ポジションというのか、指の位置が決められたキーの配列に、右手４本左手４本の指を乗せて、左から右へとキーを一つずつ打っていく。

チトシハキクマノリレケム

こんな配列だったか？

パソコンのキー配列だったら、そういうことなんだけどね。

まあ、そんな感じでさ、ひたすらキーをたたいていたのよ。

ある程度たたけるようになってきたら、上のキーを使ったり下のキーを使ったりして、指がスムーズに動かせるようになったところで、やっと文字打ちがはじまる。

なんてったって、週に1日、放課後の7時間目を使ってるだけでしたから。

そりゃあ、進歩なんてそうはないやねえ。

でも、そんな中でもとりあえずは、文章の作成ができるまでには、なっていた。

ところがところが無謀なことに、カナタイプ検定試験を受けてみようか、なあんてことを、言い出したんです。

同好会を仕切っていた担当の佐藤先生が、なんですよねえ。

カナタイプ力《りょく》が低レベルなのにですよ。

検定試験は1級から5級まであるんですけど、おれたちは、4級と5級を受けることに。

まあ、なんとかなるんじゃねえのってかんじで。

イケイケムードだったか遊びムードだったかは、覚えていませんが、少なくとも軽い気持ちでしたね。

そして当日東京のどこだったかは、忘れていますけど、会場に入ってびっくりでした。

100人くらいだったかなあ、こんなに受ける人がいるんだってことに。

たしか5級の試験は、1分間だったか、2分間だったか、聞き取り書きをするんですけど、正確性を求められているわけですな。

4級というと、もう少し早聞きの書き取りだったような気がする。

それで、結果はどうだったかって？

そりゃあもう、散々たるものでして、箸にも棒にもかかることなく惨敗でした。

なんてったって、カナタイプカが、低レベルなんですからね。

参加賞として、手のひらサイズの置物をいただきました。

何の絵柄だったかは、記憶にございません。

でもねえ、ここで人生初の公開録音番組に、参加経験するとは思ってもみなかった。

当時、文化放送で出前寄席という番組をやっていてそれが、来たんですね。

もしかしたら、インタビューをされるかもしれないということで、おれと月島先輩の二人で、一番前の席へ。

インタビューをされたら、何を話せばいいんだって、思いながら見ていたら……。

結局、そんなことはなく、つつがなく終わった。

後になって、自分がその現場にいた放送を聞いてみたんですね。

普段聞いているラジオなのに、なんか、違うような。

そんな、感じがしましたよ。

この、カナタイプは、数年間の間、ときどき使っていたけど、いつの間にか使わなくなり、墨字の世界から再び去ることになる。

それから10年ちょっとしてから、東洋はり医学会埼玉支部の松下君から、パソコンをやってみないかって言われたんですね。

ちょうどその頃、Windows95が出たばかりの頃でして、友達がやたらとすすめてくるんですよね。

だいたい、そんなものが、どんな使い道があるんだろうって思ってたもんですから。

その頃のおれは、そんな、パソコンにしがみついて、なんの意味があるんだって思ってたんですよ。

そんなわけですから、話半分で聞いていて、うんともすんとも言ってないんですわ。

そうこうしているうちに、盲学校時代の先輩・中下君からも同じように、パソコンをやってみないかって言われ。

いらなくなったのがあるから送ってやるよって言いはじめて、くれてやるからいいだろって言い放し、本当に送りつけてきた。

手元にあったんじゃ使わないわけにもいかず、ゲームソフトがあったので、しばらくはそれで遊んでいましたかな。

これがきっかけとなり、再び墨字の世界へ行くことになるんですわ。

そして99年2月に、おれはWindows98のパソコンを手に入れることになる。

あの頃のノートパソコンは、今のパソコンよりも倍以上の厚みのあるもので、えらくお値段が高かったのが思い出される。

初めての高額な買い物だったね。

それほどに、墨字に入れ込んでたわけでもないんだけど。

それからが、たいへんでした。

パソコンには使う前にセットアップが必要なんて知らなかったので、取説を見て、分からなくなると、業界の松下君に電話で教えてもらったりして、なんとかクリアする。

根気よくつきあってくれた友達に感謝であります。

スクリーンリーダーを手に入れて、いよいよ墨字の世界へ、本気で飛び込むことに。

当時のスクリーンリーダーは、ワードモデルなんかですと、音声の出ない部分もあったりしてたようで。

ところがところが、おれの場合は一太郎モデルを使っていたので、音声で使えるソフトがたくさんあって、ラッキーでしたねえ。

今では、ATOK《エートック》を入れていますけど、要するに日本語ワープロってことですな。

パソコンを始めたのはいいのですが、一つだけ困った現象が、おれにはあってね。

音訳の耳読みはできるのに、パソコンで漢字を入力するとき、音声で音読みと、訓読みをしてくれるんですけど、どうしても、漢字の形が気になって、頭に入ってこないんです。

この音訓読みの音声説明に慣れるまで、どれくらいかかったか。

まだそこそこ見える弱視だったから使わなくてもいい目を使おうとするから、どうしてもディスプレイに目を近づけて見ようとしてしまう。

どこかの歌じゃないけど、「わかっちゃいるけど、やめられない」ってやつですよ。

それがねえ、気づけば、いつの間にか音声での漢字説明が耳読みできるようになっていた。

そしてパソコンを、おれなりに、それなりに使いこなせるようになってきた頃、鍼灸院のカルテもパソコンで処理しちゃおうかって思い始めて、東洋医学辞書のソフトを手に入れて、本格的なカルテ処理に入った。

漢方医療用語は一般のワープロでは入力できない漢字もあり、東洋医学辞書でなければならなかったということなんですね。

2003年の頃の話です。

そうこうしているうちに、それだったら鍼灸院のホームページを作ろうと思って、ホームページ作成ソフトを手に入れて、2004年に作りましたよ。

最初は簡単なページでしたけど、東洋はり医学会埼玉支部のもう一人の友達、伊藤君に「こうすれば良いんじゃねえの、ああすれば良いんじゃねえの」だとか言われながら、少しずつグレードアップしていくんですな。

他人の意見を吸収していけば、どんどん人を育てていくんだねえ。

こんなとき、本当に思います。

そして、ホームページといえばページに画像を入れたいという、欲が出てきて、デジカメで撮った写真を、初めて取り入れたのが2005年だったか、6年だったかの頃で。盲学校時代の同窓会で、日帰り旅行の日記に残したのが、数枚の写真であった。鍼灸院のホームページは、プライベートのページも、裏ページで作っていたので、そこで、なんページかあったと思う。

そういうページは何か、イベントがなければ、なかなかデジカメの登場の機会なんてないですからねえ。

ふらふらほっつき歩くような性格でもないものでして、デジカメを使うことはとても貴重な機会なんですよ。

デジカメを持つようになったのは、何も、パソコンを使うようになったからというわけではなくて。

元をたどればアマチュア無線のQSLカードを作りたくて、96年頃に使い捨てのカメラから始まったんですね。

ちなみに、ＱＳＬカードとは、相手局を確かに受信しましたというカードのことで、はがきサイズのものに裏面には写真が、表には受信した日付と時刻や信号の強さなどの、文言を書き記したものをいっています。

そんなことで遊んでいたんだけど、デジカメも安価になってきたということで、デジカメを使うようになり、少し見えにくくなってきたということもあって、もう少し大きめなディスプレイのものに変えたのが、ちょうどホームページを作り始めた頃なんだねえ。

しばらく使っていたら、動画が撮れるなんて知らなくて、たまたまメニューを見ていたら動画とあったので、なあんだ動画も撮れるのかってことで、裏ページでは動画も掲載していたこともあった。

本当は鍼灸院のページなのに、裏ページがそこそこ充実していたような。

ここから、おれのブログが始まっているんですわ。

鍼灸院のホームページもプロバイダが変わるたびにいったん終了させて新たなページを作り直して、漢方医療の内容を少し充実させて。

裏ページは終了させて、Yahoo!ブログへ移っていったんですね。

時は流れて、現在では鍼灸院のホームページもプロバイダの都合で終わらせています。

また、いつか、もしかしたら、たぶん、鍼灸院のホームページを再開するやも知れませんけど。

もしかして、たぶん、きっといつかはというのはほとんどやらないということだと、だれかが言ってたような。

ブログの方は、Yahoo!がやめてしまったので、現在はアメーバブログでささやかにやってたりしています。

「MISATO1954」で検索していただくと出てきますから、のぞきに来てみてはいかがでしょうか。

すでに、パソコンからスマホへと変わっていますけど、それでも墨字との挑戦は続いている。

耳読み

耳読みって、なんですかってことでしょうねえ。

分かりやすいところでいえば、だれもが経験しているであろう、読み聞かせも、広い意味でなら、そういうことじゃないだろうかと。

普通は、目で本を読むものでしょ。

でも視覚に障害のある人には、それができないから、点字の本を読むてことになるわけですな。

ちなみに、点字に対しての文字を、墨字という言い方をしています。

ものは序《つい》でですから、こんな言い方も。

視覚障害者に対して、晴眼者といいます。

おれが盲学校に入った頃は、点字を主として使用する人が（日本の視覚障害者）二十数万人のうち半数くらいいたというから、（視覚障害者の読書の手段は）点字図書が主だったんじゃないだろうか。

とはいっても、朗読図書はないわけでもなかったですが。

現在はというと、三十数万人の視覚障害者がいるともいわれていて点字を主として使用しているのが、１万人もいないとも言われています。

そういったことから見たとき、朗読図書が多くなっていくのも、分かるところですね。

現在では、録音図書とは言わず音訳図書と言っています。

以後は、そのようにいいますね。

それともう一つ音訳は、だれがしているのって、疑問もありましょうか。

音訳ボランティアが、マイクの前で本を朗読しながら録音をしていく。

そうやって、1冊の本が音訳図書として、世に出るわけですね。

今の読書環境は、学生の頃から比べると天と地ほどで、現在ではその日に出た図書がすぐに読むことができる。

この、二十数年の間にめざましく変化を遂げているんです。

スマホを使って読むこともできるし、パソコンを使って読むこともできるし、読書器を使って読むこともできるし、点字に執着しなければ、めざましい勢いで進歩し続けているんですね。

昔から見れば、夢物語ですよ。

おれが耳読みの方向へ向かい始めたのが、80年を過ぎた頃でして、図書館には点字図書が幅を取ってた時代から音訳図書が少しずつ幅を取りはじめてきた時代。

60年代はオープンリールのテープに録音された図書だったのが、70年代に入るとカセットテープに録音された図書へ。

そして今では、デイジー図書（デジタル図書）へと変わり、図書利用者にとってはだいぶ気軽になったんではないでしょうか。

おれも、オープンリールを回すレコーダーは持ってはいたけど、1年ちょっとしか使ってないかもしれない。

扱いがちょっとだけめんどくさくて、カセットになったことで、めんどうから解放されて、利用しやすくなった感じがしたのを覚えていますね。

だからといって本好きではなかったんだけど、ちょうどその頃利用していた川越の図書館に盲学校時代の数学の先生がいて、「恩田君、本でも読んで少しは勉強しろ」って言われて、『からだの科学』という隔月で発行されている雑誌を紹介されたんですね。

じゃあ、てことで図書を借りてみたんですわ。

それが、おれの耳読みの始まりなんです。

これがねえ、どうしてどうして、そう簡単にはいかなかったんですわ。

5分もしないうちに、耳から頭の中へ理解していたのが、だんだん外れだして、全然違うことを考え始めて、図書の内容はどこへやら。

そして、気がつけば夢の中へ。

そんなことにめげずことなく、我慢し続けたことで、今の自分がいるんじゃないかな。

半年くらいは、はっきりいって辛いものがありましたよ。

5分が10分に、10分が20分にというように、少しずつロングランで耳読みができるようになっていくんですわ。

今から思うとねえ、頭のあまり使わない軽めの図書から始めていれば、もう少し早めに耳慣れができていたんじゃないだろうかって、思っちゃったりしてさ。

それでも今はできているんですから、遠回りしたかしなかったかの違いであって、相談されれば頭をあまり使わない軽めの図書から、耳読みの練習をすすめていますけど。耳慣れができてくると、通常の再生スピードで聞いていたのが少しだけスピードを上げて聞くことができるようになってきます。

今の時代はなかなか、カセットレコーダーが少なくなっているから、見る機会がないかもしれないんですけど、カセットテープ華やかだった頃は、その辺の電気屋さんにでも、再生スピードが1・3倍速まで上げられるものが普通に見られていた。

そんなレコーダーで図書を聞きながら耳練習をしているうちに、早聞きができるようになっていったんです。

それが今ではなんと、2倍速だったり3倍速だったりして聞いていたりしていますね。

小説などを読んだりするときなんかは、3倍速で。

一字一句の文字を追う必要なんかなくて、流れが分かればいいんですからねえ。

少し小難しいものを、読んだりするときなんかは、2倍速で。

分からなくなれば、後戻りして聞けばいいんですから、ほとんどそういったことはないですけど。

それでもねえ、ものすごく難しい図書なんかは、通常のスピードで聞いていますね。

頭の中で図書の内容が、どこかに行ってしまわないようにね。

そういうことって、みなさんだって難しいときはゆっくり、簡単なものはすらすらと文字を追うじゃないですか。

やってることは、それと同じことですよ。

目か耳であって、手段が違うってことですな。

墨字の本を読むようになったのは、２０００年を過ぎた頃で、ちょうどその頃にパソコンを使い始めた時期で、ペンスキャナーをパソコンにつなげば墨字本が読めるよってことを友達から聞いて、それでやってみようということで。

おれの本好きの始まりなんです。

まだインターネットに不慣れだったこともあって、本屋さんに通って手に入れていたもんでしたね。

研修会の帰り道の途中で池袋にある書店へ行き、レジであれとこれというぐあいにタイトルを並べ立てて、よく注文してましたよ。

もしかしたら、店員には迷惑ものだったりして、ゆるしてちょうだいねえってところだけど。

まあ、１回の買い物で７冊、８冊と買っていたからいいでしょうかね。

本１冊の重さはたいしたことないけど、何冊かまとめて持つとこんなに重いってことをそのときに知ったんですねえ。

ある本屋さんの入り口に、でっかい字でこう書かれていた。

本は人を作り、人は国を作る。

これを見たときに、中学生の頃を思い出したんです。

よくねえ、ある先生に、君たちは本を読まないから日本語を知らなすぎるって、言われていたんですよ。

その頃のおれには、意味が分からなかった。

おれたちが話しているのは、何語なんだ？

そのつど、突っ込みを入れていたけど。

でも、先生が言っていたことが本を読むようになってから分かってきたし、本屋さんの入り口に書かれていたことも納得できる気がしてきた。

パソコンを介しての読書から、２０１０年頃には読書器を使うようになり、少しだけ手間が省けるような。

読書器というのは、本を見開きでスキャナー台の上に置き、スキャンさせた画像を文字だけをテキスト化して、音声で読み上げてくれる機械のことです。

そうですねえ、見た目でいうとスキャナーみたいなものでさ、本の見開きを画像として読書器が取り込み文字だけを拾ってテキスト化し、それを音声で読み上げてくれる。

読書器にディスプレイを繋げば、拡大読書器としても使うこともできる。

そういう機械なんですわ。

おれにとっての読書環境が、絶好調となれば、あんなに本嫌いだった、おれが本好きになり、多いときなんかは週に2冊だったりもして。

それでも平均すれば、週に1冊は読むような感じですね。

これで困るのが、どんどん本が増えて置く場所に困るってこと、これがクリアーできると最高なんだけど。

電子書籍はごく普通に売られているので、それが音声化される図書であれば、おれでも何とか普通に読む時代が来るかも。

耳読みというようなものには、何も本を読むだけではありません。

今こうして書いている原稿も、入力した文字が音声で読み上げられるので確認することができているのです。

最近のパソコンでは、Windowsであるなら、ナレーターという音声化してくれるアプリが最初から入っているので、あなたが使っているパソコンでも音声を出すことができるんですよ。

だけどね、おれたちはそういうのはほとんど使ってなくてね。

あらかじめ、用意した音声化ソフトを、インストールして使っています。

これを、スクリーンリーダーと言ってますけど。

これの方がねえ、詳細な操作も音声で確認できるから、Windowsにあるナレーターよりも、耳読みには超優れているんですわ。

Windowsを使っている方でしたら、少し試してみますか？Windowsキー＋エンターキーを押すことで、ナレーターが立ち上がってカーソルの一行読みをしてくれます。

下矢印キーを押すことで、つぎの行を読み上げてくれます。

ナレーターを終了させるには、Windowsキー＋エンターキー。

これでナレーターは終了して、音声は出なくなります。

もしくは、設定画面から、ナレーターを選択して設定してみてください。

世の中はどんどん進んでいて、現在のおれは、パソコンよりもスマホを使うことの方が、多くなっています。

こちらも耳読みができるようになっていて。

iOSなら、ボイスオーバーというアプリが最初から用意されているので、音声だけを頼りに操作することが、ほとんど困ることがないでしょうねえ。Androidではトークバックというアプリが、最初から用意されている機種もあるようです。

ということは、あなたのスマホでも、もしかしたら音声で耳読みができるってことですね。

ちなみに、ここで、勘違いしてもらってはいけないことが。

iOSにあるボイスオーバーは、視覚に障害のある方のためにあるわけではありません。

じゃあ、なんのため？

暗いところで、スマホの画面を見て読むよりも、音声で読んでもらえたら目に負担をかけずに、楽ではないかという発想から生まれてきたもののようです。

おれに言わせれば、日本のメーカーさんよ、この現状をなんと見ているのかいって。なにを言っても、それで儲かるんでしょうかって言っているメーカーには、期待はできないでしょう。

音声を使うか使わないかの選択肢は、ユーザー側にあるものであって、メーカー側にはない。

iOSはそこができているってことですね。

誰もが同じように使えるものであればあるほど、おれなんかは売れるんじゃないかと思うんだけどねえ。

ちょっと、愚痴になっちゃいましたか。

iOSを使っている方でしたら、ボイスオーバーを試してみますか？

設定　↓　アクセシビリティー　↓　ボイスオーバー　↓　ボイスオーバーオンを、タップする。

読ませたい行に指を当てると、その行を音声で読み上げてくれます。

２本指で上になぞると、全文読みをして、下になぞると、カーソル位置の行から、読み上げてくれます。

ボイスオーバーを、停止させるには、
設定　↓　アクセシビリティー　↓　ボイスオーバー　↓　ホイスオーバーオフを、ダブルタップします。

これでボイスオーバーは、終了して音声読みはありません。

なぜボイスオーバーが立ち上がっているときに、ダブルタップが必要なのか。

これは１回目のタップが選択、２回目のタップが実行ということだからなんですね。

それでは、トークバックの場合は。

設定　↓　ユーザー補助　↓　トークバック　↓　トークバックオンを、タップする。

これで、読み上げができるはずです。

オフにするには、設定　↓　ユーザー補助　↓　トークバック　↓トークバックオフを、ダブルタップする。

これで読み上げはしなくなります。

Android の場合はトークバック以外に違った名称のアプリもあるようです。

設定方法は似たり寄ったりではないかと思いますけど、説明書をお読みになって挑戦してみてください。

チャレンジ

７４年は、おれにとっての、チャレンジの１年だったともいえるのかもしれない。

もともとは、冗談半分で出した、１枚のはがきから、はじまったことなのです。

盲学校在学中から見ていた、「スター誕生！」というテレビ番組。

そこからスターが、次々と出てくるのを見て、「みんなすげえなあ」って思っていたんですよね。

スターなんてもんは、一般人とは別の世界の人たち。

そんなふうにしか思えなかった時代が、一つのテレビ番組が、スターという地位をあんなに遠かったものを、ぐっと近づけた。

おそるべし、テレビの力。

そんな中、おれは、ちょっとためしに出してみるかってもんで、はがきを出してみたんですわ。

７３年５月のこと。

７０年代は、テレビでも、ラジオでも、オーディション番組がいくつかあって、なかなかの人気番組でもあったんです。

もちろんおれはそういう番組は大好きで、よく見たり聴いたりしていた。

そんな中でも、一番好きな番組が、当時、ニッポン放送で、深夜0時半だったたか、ポプコンという、ヤマハの音楽番組は、よく聴いていたもんですわ。

これは作詞作曲のコンテスト番組のようなものでして、応募条件が譜面の提出なんですね。

おれはなんとか譜面は読めるけど、書くとなるとお手上げなんですよねえ。

五線譜の上に、おたまじゃくしが、くっついたり離れたり、でかかったりちっちゃかったり、にょろにょろだったり、とにかく何がなんだか分からない譜面になるので、友達に書いてもらったんですな。

もちろん冗談半分で、ヤマハのポプコンに出しちゃいました。

どんな曲を書いたんだったか、今となっては、まったく覚えていないんですよね。

まあ、それだけいいかげんなものだったんでしょう。

もう少し真剣さがあったら、50年も前の話でも、少しぐらいは覚えていそうなもんやけどさ。

もう一つ、同じ頃だったたか、音楽雑誌に作詞作曲の応募コーナーがあって、ここでも、譜面の提出だったので、やはり、友達に書いてもらって、出しちゃったんですよ。

箸にも、棒にも、引っかからなかったってことは、それだけのことってわけですよねえ。

そりゃあ、あたりまえのことですよねえ。

取り上げられるほど、審査を通過するはずがない。

それほど、世の中は甘くないってこと。

みんなはそれなりの真剣さをもって応募しているんでしょうから、おれみたいなやつは審査の邪魔なんだから煩わせるなってことなんだねえ。

そしておれは、埼玉から東京の学校へ。

そうなんですよ、一枚のはがきを冗談半分で出したことなんて、すっかり忘れていたんです。

そんな5月のある日、盲学校の同級生の長野君から、「恩田君に日本テレビから、はがきが届いているぞ」って、電話があったんですね。

西日暮里《にっぽり》駅のホームで待ち合わせて、はがきを受け取った。

なんと1年も前に出した、スター誕生へのはがきが、今頃になってくるとは、びっくり。

スター誕生オーディション参加への案内と、書かれていた。

まあほっといてもいいんだけど、さてどうしようかと考えちゃいます。

これは、チャンスというより、物事はなんでも経験、大事なことですよね。

てことで、おれは行ってみることに。

5月のある日曜日、ギターを持って、有楽町の駅から近い、なんてとこだったたか、その中にある、何階だったか忘れてるけど、ホールでオーディションは行われる。オーディション参加案内の、はがきには、歌う楽曲の譜面を持ってくることと書かれていたが、おれはギターの弾き語りで参加するから持ってきませんでしたと受付につげると、エントリーナンバー234番をはがきに書かれて、それを名札とするように言われ、会場入りをするんです。

入ってびっくり。

こんなに大量の女子を見るのは生まれてはじめて、こいつら本気なのかなあって、思っちゃったりしてね。

男子を見つけるのが、たいへんなくらいでして、会場入りをしているのが700名ほど。

これが5、6時間の間に、150名にしぼられ、そこから、本選行きが決まるのです。つまり、テレビに出られるってことです。

何週分の出場者が選ばれるのかは知りませんが、エントリーを聞いている限りでは、大きなことはいえないが首をかしげたくなるような子だったり緊張しているのか声がちゃんと出てなかったり、そりゃあいろいろありまして233人の歌声を聞かされ、この中にもおれと同じような冗談半分で、エントリーしたやつもいるんだなあって。

単に、思い込みだけど。

６５０人くらいが客席で、５０人くらいがステージ上で出番を待つかたちになっているんですね。

おれは、今何番の人が歌っているのかが、番号札が見えないので、隣にいた人に聞いてしまいました。

そこから歌っている人を数えていけば、自分の出番が分かりますからね。

システムとしては、出番の５０人前あたりになったら、ステージ上に行けるようにしなければならないということで、なかなかしんどい話でしたよ。

ステージ上に入ったところで、担当者に、おれの出番がきたら教えてくださいと、お願いしたら、一番前の席に座らされたんです。

そうですねえ、この会場の風景を想像しやすくいうと、あのＮＨＫでやっている、のど自慢のような感じですね。

そして、２３４番の出番がやってきた。

担当者に促されて、マイクの前へ。

エントリー曲、ビリー・バンバン『愛すべき僕たち』を弾き語りで歌ったのである。

なぜこんな曲にしたかというと、ほんの３ヶ月前の盲学校時代に、校内音楽会というのがあって、うちらのクラスでは、おれと女子の月島さんと、デュオで歌ったんです。

あんがい良い曲だったので、なんとなく、これに決めちゃったんですな。

いやというほど何度も練習で、教室で歌わされていましたから。

まあ、こんなところかなってもんで、どうせ冗談半分なんだからてことでね。

審査員は、都倉俊一《とくらしゅんいち》さんで、ピアノは、横森良蔵《よこもりりょうぞう》さんで、歌いはじめて8小節でブザーが鳴り終了。

そして、1時間ほどしてから、結果発表が貼り出されて、もちろんここでエンド。

でもねえ、いい経験をしてると思ってますよ。

テレビのオーディションはこんなふうにして本選まで続いてるんだってことを見ただけでも、勉強をしたんじゃないかなってね。

だけどさ、おれ、これだけじゃ済まなかったんですよね。

無謀なことにテレビがだめなら、ラジオがあるじゃないかってことで、文化放送では、フォークソングのオーディション番組がありまして。

これに応募してみようと、はがきを出してみちゃったんですよ。

そしたら、何か月かして、オーディション参加案内のはがきが、我が家にやってきた。

学校は午前中だけなので、オーディションは、文化放送局内で午後6時からとあったので、これなら大丈夫ということで、当時四谷にあった文化放送まで行ってみました。

これが、どこにあるのかが分からなくて、交番があったので教えてもらい、なんとかたどり着くんですね。

何のことはなくて、文化放送の近くに交番があったということなんですわ。

局舎の玄関には、教会だったというだけあって、十字架があった。

噂《うわさ》には聞いていたけど、本当にあるんだって思いましたね。

中に入ると、案外狭くて薄暗い、ラジオ局って、こんななのって、もう少しきらびやかなのかと思っていたので、拍子抜け。

エレベーターで2階だったか、上がったところのロビーで待たされた。

オーディションの会場は、5スタ。

そうです。

あの人気番組「ハローパーティー」の公開放送をやっているスタジオ。

あんがいラジオのスタジオってこじんまりとしているんだなあって。

参加者は、80人くらいで30組が競い合うことになる。

ラジオってね、みんなで作る番組感で、会場作りをするところから始まるんですね。

といってもね、まるイスを並べるだけのことなんだけど、なんか新鮮なことのような感触がありましたねえ。

オーディションの始まりが、アナウンサーの方が「じゃあそろそろ始めますかあ」って言ったんですね。

おれたちは思わず「はあい」って言っちゃいましたよ。

なんか、この手作り感が、おれたちを和ませてくれたような感じで、オーディションが始まりました。

普通はねえ、ぴりぴりしたものなんだけど、始まってみたら、これがすごい。笑いあり拍手ありおぉっと感心させられるのあり、とにかく不思議な雰囲気の中で、進められていった。

演奏中に間違えて「もう一度初めからいいですか」って言ってやり直したり、途中でギターの弦が切れて、あたふたしては、笑いが起きたりの楽しいオーディションであったんですね。

まあ、これも録音であるということが、ほのぼのとしたものになったんじゃないだろうか。

おれの順番が回ってきたのは、比較的終わりの頃で、ステージに上がった。

エントリー曲は、先輩でもある吉川さんの作詞で、おれが作曲したもので、かあさんの歌という曲を選んだ。

この曲は、半年前くらいの盲学校時代に、寄宿舎で文集の編集委員になっていた、月島雫《しずく》がクラスメイトで、3月にデュオで歌った女子だったんですね。

たまたま、その時間が、自習だったとき、隣の席で、恩田君、この詞なんかすごく良いよって、読みはじめたんです。

それを、聞いていて、メロディーが降りてきちゃったんですよ。

自習時間だし、ギターを弾くわけにはいかないし、このメロディーを、覚えていられるかなあって、心配しちゃったりして。

その日の授業が終わり、寄宿舎に帰って、ギターを弾きながら曲を完成させた。

文集が出るのは、３学期のはじめの頃だから、詞はほとんど覚えていないから、後になって、詞と曲を合わせて完全な曲として、完成させたのです。

スター誕生のときよりは、だいぶリキを入れていたつもりなんですわ。

そして、歌が終わり、ステージを降りて自分がいた席へ。

あとは野となれ山となれ神のみぞ知るってなもんですよ。

このオーディション番組のスポンサーが、カップ麺のメーカーだったこともあって、参加賞としてカップ麺３個入りの詰め合わせをいただいた。

文化放送を出て、交番の前を通ると、おまわりさんが、手応えはどうでしたかって聞くから。

「まあまあじゃないかなあ」って、あんまり自信がなかったから、そんなふうに答えた。

曲名と名前を伝えると、ラジオから流れるのを楽しみに待ってます、気をつけてお帰りくださいと言われて、別れた。

参加賞のカップ麺は、翌日のお昼に母親と二人で食べ、残りの一つは「初めて食べたよ」と言ってたのであげたんですね。

珍しい物が大好きな母親なのに、初めてだとは思いませんでしたね。

カップ麺なんて、出始めて3、4年もたっていたと思うんだけどな。

何か月かして、「オーディションの結果はどうだったんだ」と母親に聞かれ、「音沙汰ないからだめだったんじゃないの」って言ったら、笑いながら「カップ麺をもらっただけいいじゃないか」と言ってたのは覚えている。

これを境にギターを弾く音楽から少しずつ離れていき、4年後には完全にやめてしまった。

夢は夢ですからねえ。

たぶん「なあおまえ、なにこんなところで道草なんかしているんやあ、はよう臨床の道へ戻らんかあ、せっかく道を引いてやったのに、何もたもたしてるんやあ」なあんてねえ、お告げがあったのかどうかは、知らんけど。

そういった素質は持ち合わせていないってことなんですな。

そんな中でも、文化放送からはフォークフェスティバルへの参加案内が2度ほど届いていたけど、もう情熱はなくなっていたということもあって無視することに。

どれだけ挑戦したところで、しょせん経験で終わるだけですからねえ。

じゅうぶん経験をさせてもらいましたから、そして、音楽は聴くだけの趣味がいいということに落ち着いたわけですよ。

25歳までは、なんでもやりたいと思ったものは、とりあえずやってみる。中学生から25歳までは、一番吸収力がある時の中にいるんですから、経験は大事なことなんです。

この先にある、人生という物語の栄養になるわけなんですからね。

いつかかたちを変えて、チャンスが現れたとき、気づいてつかむことができたなら、そのこたえを教えてもらえるやも。

アマチュア無線との出会い

72年の頃だったか、73年だったかに、理療科の先生に、恩田君、アマチュア無線をやってみないかって、言われたんですね。

理療科とは、あんま鍼灸の学科ということです。

おれがいた時代というのは、高等部から理療科の授業が入っていて、普通科という制度はなかったんです。

おれが盲学校へ入った頃は、高等部を卒業すると、あんまマッサージ指圧師の免許を取るための国家試験を受けることができていた。

それが制度が変わり、いつの頃からだったかは、定かではないが、専攻科を卒業であんまマッサージ指圧師試験、はり師きゅう師の試験を受けられるようになっていた。

現在では高等部は普通科だけで、専攻科で理療科の授業があり、国家試験を受けている。

ということで、話を戻しますよ。

先生にいわれた頃のおれは、まったく無線には興味がなくて、マイクを握りしめてぺらぺらしゃべって、何が面白いんだって思ってたんですよね。

それが74年頃だったか、友達が弁当箱くらいの大きさの無線機を持って、電車に乗っていたのを見たんです。

おれはそういうのを見たのが初めてだったので、それなに？

聞いちゃいましたよ。

そんなにちっちゃい無線機があるんだって、初めて知った。

テレビなどで見ていた無線機は、かなり大きなものだったので、そういうものだと思っていたから。

一度友達から無線機を借りて、家で聞いていたら山の上から電波を送信して、なんか楽しそうに話しているのを、この人たち、どこが面白くてやっているんだろう、なあんて思っていたんです。

それに、この無線機使える周波数が、けっこう少なくて、家じゃあ、あんまり使えないよなって。

でも、そんな中でも、毎日聞いていると、交信記録のやり取りをしているんですよ。なあんだ、ただ、しゃべりまくってるだけじゃないんだってことが、分かったんですよね。

友達の中下君が、同じクラスメイトと、話しているのは、聞いたことがあるんだけど、交信記録のやり取りまでは、していたか覚えていなかったので、なんか面白いかもって。

それに、交信記録で信号強度をつけているようだったので、これを、地図状に記録していけば、なんか、面白そうな標《しるし》になるんじゃないかなあって、思ったから。

じゃあ、勉強でもしてみるかって思い、無線工学と法規の、テキストが点字でもあるってことを知り、買ってみることにしたんです。

無線工学の勉強をしてみると、そういえば、物理の授業でもやっていたような、項目がところどころあって、案外覚えていないんだなあって、がっかり。

鍼灸の医師法規にしても、そうなんですけど、無線法規を勉強していると、罰則規定が、ものによっては、甘すぎるんじゃねえのって、思っちゃったりして。

そして、そうこうしているうちに、78年4月11日。

これは、今でも覚えている、右の奥歯が痛くてさあ、少し腫れていたんだけど、本当は試験どころじゃないくらいでね。

それでも、アマチュア無線国家試験日がきた。

おれが受けた試験は、初級無線電話の資格試験です。

今でいうところの、第四級アマチュア無線のことを指す。

点字受験というから、てっきり点字の問題が出てくるのかと思っていたら、なんとなんと、対面方式で試験官が、問題を一つずつ読み上げてくれて、こちらが一つずつ答えていくという方式で行われた。

問題が、やんなっちゃうほど簡単なもので、工学も法規もあっという間に、終わってしまったんですね。

20分もかからなかったでしたよ。

しかもしかもですよ。

試験官はおれに、こう言ったんです。

「恩田さん、合格してますよ」って。

おれは、思わず、ありがとうございましたと、一礼をして控え室に戻った。

点字受験を受ける人が、20人ちょっといたでしょうか。

そんな中に、盲学校時代の友達が数人いて、こんなに受けるやつがいるんだって。たぶん、おれにアマチュア無線をすすめた先生の影響なんだろうなあって。こりゃあ、面白くなるなあって、思っちゃったりしてね。

先生も引率で来ていると聞いたけど、会わずに、さっさと家に帰った。

合格と分かると不思議なもんで、歯の痛みも薄れてきて、その後歯医者さんに行ったかどうかは、そこだけは覚えていない。

それから一月ほどしてから、合格通知が届くんですね。

これで、晴れて、無線従事者免許申請ができる条件を受け取ったということで、すぐに申請をしたんですね。

この時代というとね。

医師の診断書が必要だったので、子どもの頃から診てもらっていた病院で、診断書に記入してもらう。

先生には「恩田さん、アマチュア無線の免許申請にも診断書が必要なんだ。知らなかったよ」って言われたっけ。

近くにある、カメラ屋さんで、顔写真を撮ってもらって、申請書に写真を貼りつけて、ポストに入れたんだねえ。

そこから一月後にアマチュア無線技士従事者免許が届いた。

これがねえ、ちんけなものでしてね。

二つ折りの厚紙でして、もう少し、気の利いたものだと思ってたのに、こんなんかいって、感じでしたねえ。

ここまでの第3ステップは、なんなく通過。電波を出せるようになるまでには、無線機を用意し、もう一つクリアしなければならない。

中下君に聞いたら、秋葉原に無線機屋があるから、そこで買えばいいと言われて。

10月頃になって、無線機を手に入れた。

この頃の無線機は、とにかく重たくて、大きさはA4くらいで高さが10センチちょっとあったかかな。

重さがねえ、10キロくらいあって、家まで持って帰るのが、しんどかったよ。

あの頃の、おれは、弱視だったから、白杖なんて持たなくても、平気だったから、ていうか、白杖なんてもともと持っていないしねえ。

箸より重いものをほとんど持たないおれが、山手線、常磐線、東武バスを乗り継いでさ。

重いものを、えっちらおっちらと、家まで運んできたんですわ。
2、3日は、腕が痛かったのを覚えている。アンテナは、中下君から無線機を借りたときに使っていたものを持っていたので、早速無線機に火を入れて聞いてみた。

無線機に火を入れるとは、電源を入れるってことをいいます。

面白い表現ですよね。

そしてそして、忘れもしない、アマチュア無線局免許が、12月20日に届いた。

免許には、12月20日から5年後の12月19日までと書かれていましてね。

83年まで使えるのかって。

それから3日後に、2番目の姪《めい》っ子が生まれた。

そんなわけでさ、アマチュア局開局日と姪っ子の誕生日は、忘れることがない出来事なのであるよ。

アマチュア無線をやってるやつらを、あんなに、ばかにしてたのに。

そんなおれが夢中になって、無線でのラグチューを楽しんでいるとは、どんだけの変わりようなんだってねえ。

ラグチューとは、無線交信で雑談をしていることをいいます。

そうこうしているうちに無線の友達もできたりして、毎日のように深夜遅くまでぺちゃくちゃやってたんだよねえ。

やんなっちゃうよな、よくできたと思うわ。

あの頃の千葉県柏、鎌ヶ谷、茨城県の守谷の友達とは2年くらいで空の上で会うことはなくなってしまったけど、元気でいるんだろうかって、これを書いていて思った。

ここで使っていた周波数帯は、145mHZ帯で、おれは、これと、並行するように、50mHZ帯の無線機を手に入れていたので、遊んでいたんですな。

ちなみに、145mHZの無線機を、2メーターといい、50mHZの無線機を、6メーターといいますが、おれは6メーターに、はまってしまうことになるんですね。

この2メーターだとか6メーターだとかいうのは、帯域の波長の長さを表した言い方です。

ナショナルのハンディー機RJX601という無線機、今でもほこりをかぶってはいるけど、とりあえずは手元にある。

2階の部屋から6メーターの無線機にある、ロッドアンテナで送信出力が500ミリワットだったか300ミリワットだったか忘れているけど、そんな環境で、九州福岡とFMで対等にわたりあえたことができたことが、おれには驚きであったんですね。だって同じ市内の人と話をしているような、雑音のないきれいな音で聞こえてきていることに。

相手も同じように聞こえていると言ってたので、こんなロッドアンテナで、できちゃうなんて、びっくりでしたね。

79年前後は、サイクル21（第21太陽周期　Solar cycle 21）で太陽の黒点が多くなる時期で、電波環境が良いんだよって、無線の友達から聞いて、そういうのもあるんだってことを、知るんですね。

これが6メーターに、はまってしまった、きっかけなんです。ところがですねえ、熱しやすく冷めやすい性格なんでしょうか、無線熱が少しずつ消えていってしまうんですよ。

無線から遠ざかっても、最初の無線局免許の書き換えは、やっていたので、10年間は、コールサインを手放すことなく、書類上は、存在していたことになりますな。ところが2度目の書き換えは、すっかり忘れてしまい、無線局免許は失効されてしまう。

それから4年後になって、急に無線で遊びたくなり、また、最初から、無線局開局申請をすることになる。

92年1月20日付で、局免が届いた。これを見て、びっくりですよ。

なんとなんと、コールサインが、7K2QIUという、おれから見ると、なんか外国のコールサインみたいなへんちくりんな感じがしましたね。

慣れるまでには、どれくらいの月日がかかったことか。

以前のコールサインは、JL1JXRだったのに。

今はJから始まるコールサインじゃないんだ、変なのってね。

何年かしてから、旧コールサインの復活ができますよってことになったので、早速手続きをしてみたら、旧コールサインが、復活できた。

なんかねえ、おれが戻ってきたような気がしましたよ。

そのコールサインは、今でも持っています。

業界の友達の、松下君から、２アマの試験を受けないかって言われて、それじゃあ、おれも、受けてみようと思い、勉強をはじめたんですな。

９２年の１０月に、第二級アマチュア無線の点字受験を受けに行くんです。

前回の受験とは違って点字の問題が出て、それはそれは受験らしく感じたのを覚えていますね。

一番しんどかったのが、電信の受信テストでして、１分間に送信されているモールス符号を、点字で書くことでしたねえ。

はじめからたいへんなことは分かっていたので、おれは点字タイプライターを使うことに。

これだったらさ、１回の点字うちで、１文字が書けますから、モールスの書き取りは、なんとかなるんじゃないかと思ったんですよ。

やってみたら、あまり自信が無くて、２アマは、落ちただろうなって思いながら、帰宅するんですわ。

それから、どれくらいしてからだったか、試験の結果が送られてきて、おれは、もうびっくりですよ。

自信のなかった電信受信テストが合格して、自信のあった、無線工学と法規が不合格になっていたんだもん。

こうなったら、もう１度挑戦して学科試験だけなので、合格できれば免許がもらえるから、何が何でも受かってやるぞってね。

そして９３年４月、学科試験に再度挑戦、無事合格することができたんです。

もう、この頃では、無線従事者免許申請には医師の診断書はいらなくなっていて、合格通知を受け取ったその日に、申請書を出したんですわ。

１週間ほどしてからでしたか、第二級アマチュア無線技士従事者免許が届いたんですよ。

うれしかったですねえ。

そしたらねえ、業界の松下君が、こんなことを。

「恩田さん、陸上無線の点字受験が解禁になったから、一緒に受けてみないか」って。

そりゃあ、面白そうやねえってことで、受けてみることに。

従事者免許もラミネート加工のものになっていたから、免許らしいものが増えるのは良いことやってね。

再び無線工学の勉強をすることになるんですわ。

この受験はおれにとっても松下君にとっても、忘れることはない出来事になるとは。

９３年１０月のある日、受験会場へ。

台風が近づいていたときで、会場へ着くまでは風が強くなっていただけで問題はなかったんです。

陸上無線といっても三級だったので、点字受験というものの対面方式で行われたんですね。

前のときのように、２０分くらいで試験は終わる。

試験官は、おれに、こう言いました。

「恩田さん、合格ですよ」って。

「ありがとうございました」と言って、控え室へ。

あれ、これ、デジャブ？

いつかこんなこと、あったような。

試験会場から出ると、台風の影響で大雨と大風。

そんな中を歩くのも、はじめてのこと。

それでも、若さだったんでしょうか。

ちょっと、知り合いのところへ寄ってみようぜってことで、行くことに。

それが、結果的には、よかったことになるんですけどね。

帰りには、雨もやんで風も弱くなっていて、ラッキーってことですわ。

まもなく合格通知が届き、写真を貼って無線従事者免許申請を出した。しばらくしてから第三級陸上特殊無線技士従事者免許が届くんです。資格免許が増えるってことは、うれしいもんですなあ。

その翌年94年4月に、第一級アマチュア無線の試験を受けてみるが、なんなく玉砕。おれの挑戦は、ここで終わることになるんですわ。

現在のおれは、もうほとんど無線に火を入れることはなくなっていて、近々アンテナを下ろすことにしている。

無線局免許だけは更新してコールサインを手放さないようにしようと、思うところであります。

そんな中で、2021年には、免許更新しなければならないことを思い出し、今回はだれの手も借りずに自分の力だけで、やってみようと、電子申請に挑戦をしてみようとスマホから試みてみた。

免許書き換えには、有効期間が切れる1ヶ月前までに手続きをしなければならなくて、けっこうぎりぎりになっていたということもあっての、電子申請なんですけどね。

ユーザー登録をして、総務省からパスワードが送られてきて、ログインして、アマチュア無線技士免許番号を書き込み、申請手続きを難なく済ませたところがです。

翌日になって総務省から免許番号が登録されている中には見つかりませんでしたというメールが届くんですね。

そんなはずはない。

おれの免許番号と書き込んだ免許番号に、間違えはどこにもない。

どういうわけなんだと、考え込んでしまった。

これがですねえ。

おれのとんでもない勘違いでして、無線局免許申請に使っていたのは、第四級アマチュア無線従事者免許の方でしてね、てっきりおれは第二級アマチュア無線従事者免許で、無線局免許申請をしていたと思い込んでいたんですよ。

そういうことに気がついて、もう1度最初から、やり直して、申請を済ませた。

ぎりぎりセーフで、なんとか期間内に、無線局免許証が手元にやってきたんです。

なあんだ、こんなに、簡単なことだったのかって。

これだったらもっと早くやっていれば、良かったと思った。

なんでも自力が基本なんですからね。

音楽の歩み

初めから、ギターに興味があったわけではない。

音楽に興味をもったのが、ＧＳといわれていたグループサウンズのことなんだけど。６０年代後半にテレビラジオで脚光をあびていた頃、おれはタイガースやテンプターズの音楽を聞いていていて、すごく耳心地が良くて、ドラムを刻む音が、なんともいえないほど気に入ったんですね。

ドラムなんかは、一段高い位置でたたいていて、なんか、かっこいいなあって、思って見ていたんですよ。

それが、だんだんたたいてみたくなり、ドラムが好きになっていったんです。

ちょうど学校にはドラムがあってね、あれなんとかたたけないもんかなあって、夢見ていたら、たたけるチャンスが訪れた。

それが６年生のときで、校内音楽会だったか忘れているけど、そこでクラスで出たときに、ピアノ伴奏とドラムという、なんともアンバランスな。

担任が「恩田君、ドラムがたたきたいんだろ」って、言ったんですね。

まあ、できればって、言ったかも知れない。

担任は「だったら、たたきなさい」なあんてことを。

これが、おれにとっての、ドラムを人前で、たたくのは、初めてのこと。

そのときの楽曲は、『三百六十五歩のマーチ』だったということは覚えているが、もう1曲あったかどうかは、覚えていない。

この、ドラムのたたき方だって、兄貴の同級生でもある古沢先輩と、もう一人ギターのうまい園田先輩の、二人がかりの指導で、始まったのであります。

なかなか、うまくたたけなくて、見るとやるとは、えらい違い。

最終的には、どうしても、たたけないリズムだけは「としボー、そこだけはおまえの好きなようにたたけ」って、言われる始末。

そういうたたき方でも、とりあえずは、聞けるから、大丈夫だから安心しろっても、言われた。

そして、当日、なんとかやりきれた。

なあんだ、小学部にも、ドラムをたたける生徒がいたんだっても、ほかの先生には、言われたっけ。

そんなドラム熱も、気がつけば、いつの間にかすっかりと消えていて、67年の暮れだったか、とんでもない楽曲が、ラジオから聞こえてくるんですよ。

それが、フォーク・クルセダースという、3人組のフォークグループ。

『帰ってきたヨッパライ』で、なんとも、不思議な声で聞こえてくるんですわ。

テープを遅回しにして録音したものを、通常の回転数にして再生すると、早回しの音で聞こえてくるという楽曲。

子どもですから、面白い音楽には、飛びつくのはあたりまえで、よく聞いてましたね。これで終わっていたら、それだけのことで、通り過ぎていくだけのことなんですけど、そうは、いかなかった。

これがフォークソングへと、のめり込んでいくことになっちまうんですなあ。

フォークソングといえば、60年代のアメリカから、モダンフォークなあんてものが、入ってきて、PPMなんかが、有名なところ。

でも、おれは、そこにはくいつくことにはならず、その後日本では、カレッジフォークなあんてものが、あちらでも、こちらでも聞かれるようになり、おれも、だいぶ聞き込んでいたもんですね。

たとえば、フォー・セインツ、森山良子《りょうこ》などが、代表的だったのでは。

まだ、その頃のおれは、聞くだけのものであって、グループサウンズのように、電気を通したエレキギターとは違って、ギターとウッドベースの、アコースティックな音がとても素朴に聞こえて、なんかよかったんですよね。

今から思うと、なんと、単純なギターコードと単純なメロディー。

そういったことが、おれの心を動かし始めたとも、いえるのかもしれない。

それが、おれの、生涯の音楽観となることに。

そういう、楽曲の影響を受けて、70年代なんかは、みんなで歌える歌がなんと多かったか。

なんてったって、ギター一本あれば、どこでも歌えるんですからねえ。

そういうものに興味をもたないはずはないですよねえ。

『帰ってきたヨッパライ』を出した、フォークルが、つぎに出した曲、『イムジン河』という楽曲なんですよ。

面白い歌の後が、なんときれいなメロディー。

これで、おれは、もう、いちころよ。

聞くだけの音楽から、ギターを弾いてみたいという、音楽の道へと入っていきたくなった。

当時の、フォークソングというと、関東フォークと関西フォークに、大きく分けられてもいた。

関東フォークといえば、きれいなメロディーとギターテクニックで、爽やかで和むような楽曲で、キャンパスソングなどと言われていたんですね。

それに対して、関西フォークといえば、メッセージ性の強い、楽曲が多く、プロテストソングなどと言われている。

おれに、大きく影響を与えた、『イムジン河』も、メッセージ性のある曲で、南北朝鮮の間を流れる川を歌った楽曲なんですけどね。

岡林信康の『手紙』や、赤い鳥の『竹田の子守唄』なんかは、部落差別を歌った楽曲であって、ここに挙げた3曲は放送自粛として、当時は扱われていたんですよ。

『イムジン河』なんかは、朝鮮総連からのクレームが入ったことから日朝との政治問題化を避けるために、レコード発売日前日に、発売を中止するということにもなる。

岡林信康の『手紙』という楽曲の歌詞は、部落に生まれたことのどこが悪い、好きな人と一緒になれないことに、遺書となってしまった歌詞でもある。

それでも、おれにとっての、心を動かされる楽曲。

この、時代といえば、くさいものにはふたをするという、想像力しかなかった、そんな世相だったんですね。

そんな、ある日の中ーの教室に、6年の担任であった先生がギターを持ってきて「恩田君、ギターを弾けるようになりたいって言ってたよね、ギターをあげるから、だれかに教えてもらって練習でもしなさい」って、言いながら、布ケースに入ったギターを、おれにくれたんです。

うれしかったですねえ。

うちでは、ぜったいに、ギターなんか買ってはくれないでしょうから。

こんなに早く手に入るとは、思ってもみなかった出来事である。

この日からおれの、ギター特訓がはじまるんですよ。

最初はねえ、１弦から６弦までを人差し指で押さえるというものでして、これがこれがどうしてどうして、指は痛いわ音は鳴らないわで、ギターってこんなにしんどいものなのかって、思っちゃいましたよ。

本当に、弾けるようになるんだろうかって、心配なんかもしちゃったりして。

それでも、先輩は「としボー、がまんして練習だぞ」って、言うもんだから、ひたすら、そんなことをやってましたかねえ。

あんまり音が出ないもんですから、人差し指の上に中指で押さえ込んで、なんとか音が出るように。

それを、見ていた先輩が「としボー、そんなことをしてたらコードなんか弾けないんだぞ」って、言われる始末。

「としボー、コードを弾くにはなあ、４本の指が必要なんだよ」なあんてことを、言われる。

なんだ、ごまかしは、きかないんだってことを。

嫌々果てしなくつづく、練習の日々。

やっと、音が出るようになったときは、うれしかったですねえ。

一難去ってまた一難が、おれに、容赦なくやってきてね、Bフラットという、コードを押さえる練習が。

これが、どうしてどうして、なかなか、うまく音が出ないんですよ。

もう、とにかく、しんどかった。

ギターを弾くのに、なんでこんな試練があるんだよって、思いながら、ひたすら練習。

やっと、音が出るようになると、新たな指示が、Bフラット7なんですよ。

としボー、これが、できるようになれば、後は楽だから、がんばれって、言われたんだけど、なんとも、うまく力が入らなくて、少しだけ苦労したかも。

Bフラットの方が、一番力が入らなくて、しんどかったが、それに比べれば、まだ、ましな方。

そして少し楽だったのが、Fコードで、比較的早めに音が出るようになった。

ここまでくれば、もう、後は、本当に楽なもんで、コードをリズミカルに押さえられるようになれば、歌の伴奏が、できるまでになれるんだってことに、到達できた。

ギターを弾けるようになるまでに、二人の先輩の力を借りて、なんとか、聞けるようかな。

ギターが弾けるようになり「後は、おまえの好きなようにやればいいさ」って、言われて、しんどい練習の日々が、とりあえずは終わった。

その頃の時代というと、歌本が付録本として、けっこう出ていたので、それを、参考にして、利用してましたね。

譜面の上には、ギターコードが記されていて、そのとおりに、ギターをかきならせば、歌いながらギターも弾けるってぐあいにね。

とりあえずは、質よりも量をこなすのが、練習ってもんですからねえ。

そんなことを1年ちょっとくらい、やって楽しんでいましたかな。

みんなで歌える歌が、とにかく、たくさん出てましたから、なるべく積極的にギター伴奏を買って出てました。

そうなると、だんだん、楽しくなってきて、それだったら、作詞作曲もできるんじゃねえのかって、思いはじめてね。

思いとやるとでは、えらい違いで、そう簡単には、いきませんでしたよ。

よく、聞く話で、フォークシンガーが、こんなことを言ったりしてるじゃないですか。

苦しみながら作る曲は、ヒットもしなくて、なんとなくできた曲が、大ヒットするなあんてことを。

今のおれなら、そうなんだよなってことを、言ったりするけど、あの頃のおれにはそんなもんなのかなあって、思ってたくらいですからねえ。

そんな、おれでも、なんとなくできた、曲を譜面に落として、こっそりと音楽雑誌にあった、譜面応募のコーナーへ出してみたりして。

とりあえず、なんとかできた曲なんかも、当時日本放送でやっていた、ヤマハポプコンにもこっそりと、出してみたりしてねえ。

なんの音沙汰もなく、音楽ちゅうもんは、そんなに、あまくはないんだなあって知らされるわけですよ。

そうこうしているうちに、卒業学年となり、他校から高等部に入ってきた、東谷先輩が、恩田君、今年の寮祭が最後になるんだから、なにかやってみたらって、ことを言われたんですね。

おれは、その話に乗ることに、なんだか分からんけど、ステージで歌えることになって、2曲ほどやらせてもらったんです。

吉田拓郎の『夏休み』という曲と、オリジナル曲で2年前に、作詞作曲を、したもので、タイトルが、日記帳だったような、なんとも、はっきりとは覚えていないんですわ。

ただ、ギターコードが、Gmから、はじまる曲だということは覚えている。

これが人前で、しかもステージ上でという初めてのことである。

そして、時がたち、冬休みに入る何週間前くらいだったか、4時間目の授業が自習となっていて、みんな内職をしているんですよ。

もしかして、くそまじめに、勉強なんか、しているものもいたりしたかも、知れんけど、おれも、たぶん内職をしていたと思う。

そんなときに、隣の席の月島雫が、恩田君、この詞、すごく良いよって言い出したんですね。

なあんだ、こいつも、内職をしていたのかって。

これ、寄宿舎の文集に投稿した詞でね、それを、読みはじめたんですよ。

聞いてみるとすごく心に響く詞で、なんとなく、メロディーが下りてきて、楽曲として作れるかもって、思ったんですね。

しかもねえ、文字数も、譜面に載せても余らず足らずの、正確な文字数でね。

最終的に楽曲として完成したのは、３学期のはじめ頃だったと思う。

おれの隣町に住む吉川先輩の作品であることが分かり、後におれが文化放送のオーディション番組を受けた参加曲として、勝手に使わせてもらった。

まあ、先輩には楽曲が気に入ってもらえたかは、定かでは無いが、とりあえずは、聞いてもらえたようであることは、確認できている。

ステージ上で、一人で、ギターの弾き語りで歌う経験は、させてもらえたということは大きな出来事でもある。

卒業を前に、校内音楽会があって、月島雫とデュオで歌うことになり、エントリー曲は、なんとなんと、海援隊の『母に捧げるバラード』を、月島雫に台詞の部分をやらせて、歌の部分をおれがギターを弾きながら担当。

もう1曲は、まじめに、ビリー・バンバンの『愛すべき僕たち』を、それなりにリキを入れたつもり。

『母に捧げるバラード』は、台詞から歌に入るまでの長さに注意しないと、難しいよって、月島雫は、だいぶ、みんなに言われていたらしく、心配していたようだったが、台詞の終わりが分かっていれば、問題ないから、好きなようにやっていいからと、言ったのをなんとなく覚えている。

長さは、どうにでもなる楽曲でしたから。

まあまあ、とりあえずは、なんとなく、やれることはやってみたような。

3月半ばには、長かった盲学校時代から、去ることになる。

そして、おれのギターとの関わりは、進学先での1年を過ぎたあたりくらいから、少しずつ離れていくことに。

そして、四十数年後になって、再びギターを引っぱり出してきて、さび付いた弦を張り直して、始めるのだが、これがどうしてどうして、指が痛いんですよ。

しかもしかもです、弦と弦の間の間隔が分からない。

なんてったって、12弦ギターしか残ってないので、6弦ギターにして弾いてみようって、始めるもんですから。

これでは、初心者に完璧に戻されてしまったことに、思い知らされるんです。キーボードも引っぱり出してきてはみたものの、キーボードなんて、まともにやったことはないですから、指が軽やかに動くはずはない。痛い思いをして、ギターを弾けるようになるのは、いつのことやらだし、キーボードは当てにならないしってことで、パソコンを使っての楽曲作りをはじめてみたのであります。

これが、どうしてどうして、想像と現実は、えらい違いでして、メロディーは頭の中で、その音は、キーボードで再現しながらということなんですけど、思ったようには、なかなかうまくいかなくてね。

リズム感だって、思うようにいかず、ドミソてぐあいに、一拍半拍半拍だから、4分8分8分てことだなって感じで、まあ大変なことよ。頭の中で描いた音楽を、即時譜面に落とせたらどんなに便利なことか。

音大を出たやつだったら、おちゃのこさいさいなんだろうけど。

聴くだけの音楽でよかったのが、やってみようなんて、いきなり実行したところで、そんなにあまいもんではないんですねえ。

やはり、若い時代の柔らかい頭と、おじいさんになった固い頭とでは、差がありすぎて、根気のいる作業なんだってことを、いやというほど思い知らされている。

そんな中でも、この3年の間に、5曲ほど作曲ができていて、そのうちの、2曲に編曲まではできている。

これがねえ、笑っちまうほどの話なんだけどね。

全部ハ長調かイ短調なんですよ。

なぜかというとね、シャープ、フラットを、どこでつければ良いのか、計算するのがめんどくさくて、横に置いているんですよ。

ちなみに、シャープ記号は、5度ずつ上がって数が増えていく。

フラット記号は、4度ずつ上がっていくほど数が増えていく。

シャープもフラットも7つまでなんだよって、音楽の先生に教えてもらったんです。

そしたらね、最近になって気づいたんだけど、おれが使っているアプリは、MUSEというものなんだよね。

初めに設定しておけば、どこにシャープを置くかフラットを置くかなんてことを、気にせずに譜面化することができるってことを、知ったんです。

それだったら、最初は、ハ長調やイ短調で作りやすいから、譜面に落とすときだけ、それなりにずらしていけば良い。

これだったら、なんでもできるってもんですね。

あとは、YouTubeにアップすれば良いってもんなんだけど。

まあ、いつになったら、日の目を見ることができるやらってところです。

夢は再び形を変えてやってくる

なりたかった、その夢、つかむことができましたか、あきらめてしまいましたか。

あきらめても大丈夫です。

その夢、１０年後２０年後、いや３０年後に、その夢が形を変えて、目の前に、チャンスが現れますよ。

ただし、その、チャンスに気がついて、つかむかつかまないかは、あなた自身の問題です。

多くの人は、目の前のチャンスに、気がつかなかったり、気がついていてもつかむことをしないで、通り過ぎてしまう。

一度は、見た夢なんですから、勇気を持って、つかんでみることです。

それは、なにも本気で描いた夢だけじゃないですよ。

本気で好きになった異性をあきらめてしまったことだって、同じなんですよ。

必ず目の前に、形を変えて好きだった異性が現れます。

なんとなくしぐさが似ているだとか、姿が似ているだとか、そういうことです。

おれはというと、盲学校時代に、教師になりたいと思っていました。

その頃は、けっこう小生意気なガキだったんですね。

中学までは、低レベルでやる気なしだったのが、高等部に入ったら、急に成績が高レベルとなり、ここから、ゆがみが、はじまったと、たぶん。

なんとなんと、教科担任に対しておれは、こんなことを。

「おまえら教師は、教科書を取り上げたら、お手上げ状態なんだろう」って、言い放ったんですわ。

ものすごく生意気なガキでしょ。

世間もなにも知らないくせにですよ。

そのときの教科担任は、こう言いました。

「それなら、次回の授業を恩田君がやってみなさい」ってね。

もちろん、おれなりに、それなりに、勉強をして授業をやりましたよ。

でもねえ、なんか違うんですよ。

結局、おれも教科書を取り上げられたらぐうの音も出ないほどお手上げ状態で、何もできないじゃないかってことに、気がつくんです。

情けないですよね。

これが、世間知らずの、恥知らずってやつでしょうか。

当時の、全国の盲学校では、求人募集が少ないから、難しいよ、それに恩田君の場合は、高等教育の教科が少ないから、はじめから普通科を、最初からやり直さないとってね。

まあ、恩田君、ならやってできないことはないだろうけど、どうしてそんなに遠回りのことばかり、やろうとしているんだい、とも言われた。

そうなんです、高等部といっても普通科でやる教科がとにかく少ないんですよ。

なぜならば、あんま科を選んだから。

居心地が良いんだけど、おれにとっては学校の体質が大っ嫌いだったんですよね。

だから、あえて遠回りであっても、ここを卒業すれば、東京の学校で鍼灸科に入り込めれば良いと考えていたんです。

そうこうしているうちに、そんな夢はどこへやらで、頭の片隅の方へと。

そして、おれにとっての運命の時が。

そんなに大げさなことでもなかったりして。

96年の秋だったか、市の方から、こんな要請が。

小学校の授業で視覚に障害のある人の生活環境のことや街中での困っていることや工夫していることなどのお話をしてほしいという、内容のものが飛び込んできたんですね。

ほらほら、これですよ。

あきらめた夢が再び形を変えて目の前に、チャンスが現れるってやつ。

残念ながら、おれには目の前に現れたチャンスにはまったく気がついてはいなかったんですよね。

それでもね、無意識につかんでいたんです。

なぜならば、母校の小学校だったから。

64年に学校を終えて通学路の景色が涙でゆがんで見えたあの学校へ。

といっても、母校はすでに移転していて我が家の近くにあるんですわ。

どうやら、我が家は、小学校の近くへと、一緒に移転しているようで、なんと、便利な。

そんなわけですから、母校といったところで、おれにとっては、知らない学校でしかなかった。

4年生を前にして、どれくらいだったでしょうか、20分くらいお話をさせてもらい、残りの時間を子どもたちからの、質問を受けたような。

これが、総合学習が、授業の中に入る前の学校事業であったんですね。

翌年も母校からの要請があって、授業をすることにしたんです。

どうせやるんなら意味のある授業にしたいと思って、点字で自分の名前を書いてもらうことにしたんですね。

そういうことで、点字一覧表を、用意してもらい、ある程度の数の点字板も、できるだけ用意してもらうことに。

このときから、市の職員は、おれに、振り回されることにもなる。意味のある、点字なら、自分の名前を書いてもらおうということにしたんですね。

これはね、おれの姪っ子たちが4年生と2年生の二人にも点字の書き方を教えて、名前を書かせてみたところ、あっという間に書けたので、これならいけると思い、4年生の授業にも取り入れることにしてみたんです。

うちの姪にできて、この子たちにできないわけがない。

実際にやってみて、その通りでしたね。

うちの姪と同じ4年生なんですから、あたりまえですよね。

子どもたちの感想を聞いてみると、点字をうつのが面白かっただとか、名前を恩田さんに読んでもらって、ちゃんと書けていることを知って、うれしかっただとか。

どこの学校へ行っても同じ感想が聞かれて、記憶に残る授業ができて、総合学習らしくなった意味は大きいと思うんだな。

それから何年かしてアイマスク体験をやっていたんだけど、平らな体育館では何の意味がないと思い、点字ブロックを用意してもらうことにしたんです。

点字をうつ授業のために点字板と点字一覧表を用意してもらったときに続き、またしても職員は振り回されることに。

そんな中でも、用意できたことは大きいし、なんでもこたえてきてくれたことには、感謝してもしきれないほどありがたかった。

ほんの、ちょっとした思いつきで言ったことなのに、ある意味迷惑ものともいえるのかもしれない。

現在は、アイマスク体験が行われていない学校も多いと聞いていますがね。恐怖感を植え付けてしまうというのがあるそうで。

確かに、それはそうなんです。

あの時代の総合学習は手探り状態のところが多くて、おれ自身もどう進めていけばいいのか、実践の中で組み立てていくしかなかったというのが、本音のところ。

ちなみにアイマスク体験というのは、目の見えない人の歩行を、どうサポートしていけばよいのかを知る体験なんだけどな。

でも、受け止められていたのは、目の見えない人の歩行を体験するものと思われてしまったということ。

そういうことであるなら、今から思えば何も、複雑なことをしなくてもよかったのかもしれないですねえ。

障害物を置いてみたり階段を使って上がり下りしてみたり、言われてみれば危険もありますねえ。

こういったことをやっているうちに、市内の小中学校へゲストティーチャーとして、7割か8割の学校と関わりをもつことになっていったんです。

ところが、始めて7、8年過ぎたあたりからだったか、講話中心にしたいという学校が多くなり、体験学習で学校と関わることから少なくなっていったんです。

講話中心の授業はいいんですけど、一つ困ったことが。

はっきり言うと、教師側とおれとの世代間の違いが大きくなってきたということ。

なんとか団塊の世代の先生方が一人二人いるうちなら比較的やりやすかったんですが、完全に団塊の先生方がいなくなると児童の間にも大きな変化が。

総合学習を始めた数年間はとても賑やかで、こちらからの質問に対して笑っちゃうようなとんちんかんな答えを子どもが言っては、みんなが笑う。

そういう和やかというか自由な雰囲気を、おれは認めていたんです。

団塊の先生方も、意見は同じ。

総合学習の授業は、正解を求めているわけではないですから。

子どもたちが、いま持っている知識をフル稼働させて、創造性と人を見る力を身につけるきっかけとなる入り口に立てればいいんですからね。

そういうことだから、そんなとんちんかんな、ことであっても、そこから、生まれてくる発想が、子どもたちにとっては、大きな意味合いになるんですよ。

それを若い先生たちは、ばっさりと切り捨てる。

これでは、静まりかえった教室でしかない。

もちろん、そこから、生まれてくる発想なんて絶対にない。

ある意味、教育の貧困を生むだけだと、おれは思っている。

団塊の方たちは、「でもしか先生」と揶揄《やゆ》されていたような。

しかし、でもしか先生は、道草を知っているから、子どもを、よく分かっているともいえるんですよ。

ところがねえ、若い先生たちは残念なことに、学校と塾と家の往復しかしてないから、道草を知らないんだと思う。

だから何でも型にはめてしまい、はみ出そうものなら容赦なく切ってしまう。

これでは、画一的な教育でしかない。

もう、おれの出番は終わったと思い、総合学習から手を引くことにしたんです。

あきらめた夢が再び形を変えて、目の前にチャンスが訪れたとは、これだったのかとあらためて思ったんですね。

やはり、おれは無理して教師になろうとしなくて正解だった。

人にものを教えるということは、相当な忍耐力と幅広い知識力が必要なんだと、いやというほど思い知らされたんですわ。

盲学校時代に、教師から教科書を取り上げたら何もできないだろうって言ってたことが、なんとちっちゃい視野だったんだろうと。

そんなおれを受け止めてくれた、教科担任の器の大きさに感謝しかない。

晴眼者は映像で、視覚障害者は図形で把握している

2008年か9年ごろに講演した際のレジュメを再構成し、ブログに掲載した文章です。

最後に、いまの自分の思いを書き加えています。


目が見えないということを知るよりも目が見えるってことを知った方が、とても分かりやすいものですから、そこから行きますね。

まずは、ものが見えるようになるまでを、お話しいたしましょう。

生まれて間もない赤ちゃんは、目が見えない、耳が聞こえていないと、言われていいま

した。

しかし、そうではないということが、分かってきたのです。

赤ちゃんは、私たちと同じなんでしょうか。

いえ、決定的に違うところがあります。

それは、脳が未完成であるということ。

赤ちゃんは、その脳が生後８ヶ月くらいで劇的な発達をするのです。

では、ここで、見るということが、どういうことなのかを整理しておきましょう。

私たちは、物を見るということは、目で物を見て認識していると思っていませんか。

ところが、そうではないのです。

目ではなく、脳で見ているんです。

それを、裏づけるものとして、先天性白内障の患者さんが手術をし、病室で包帯を取り周りにいる家族の姿を見て、見えることに感動するとしたいところですが、現実はそうでもないケースがある。

包帯を取った瞬間、世の中がまぶしくてしょうがないとか、見えるということが、煩わしいだとかがある。

白内障というものは、水晶体に濁りが入り光を網膜に通しにくくなる病気です。

ですから、水晶体の濁りを除去してあげれば、光を通すことができるわけですね。

手術が成功しているのに、どうして見える喜びがないことがあるのか。

見えない、もしくは見えにくいという環境が、どれだけの時間あったかによって、脳の発達状況に違いが出てくるということなんですね。

脳の発達段階の内に手術をしていれば、問題なく見えるという実感があるでしょうが、視力の成長が止まる１０歳を超えた頃に手術をして、たとえ成功していたとしても、脳の発達は過ぎていますから、見えるということはないのです。

さて、赤ちゃんの話に戻りましょう。

赤ちゃんを、よく観察していると、不思議な行動をしているのが見られます。

それは、よく部屋の隅っこを、じっと見ている。

これは、なにを、見ているんでしょう。

それは、明暗のコントラストを見ているのです。

私たちは、赤ちゃんにしか見えないなにか、妖精のようなものを、見ているんじゃないだろうか、なあんてことを話してたりしていませんか。

そうだったら、とてもメルヘンチックで、良いですよねえ。

でも、現実は、違っていて、コントラストの強いものに、好んで反応しているのですね。

赤ちゃんは、さほど視力はなく、二次元の世界でものを見ていて、生後８ヶ月くらいで三次元空間の世界でものを見るようになり、その頃から、コントラストの強いものには興味を示さなくなってくるのです。

三次元空間が分かるようになってくれば、ものをつかもうとする動作も出てきます。

では、どうして目が二つあるのでしょうか。

片方ずつ目の前のものを見たとき、左右に少しのずれが確認できます。

左右の目を同時に見たとき、その少しのずれを、脳は補正し距離感をはかることができるのです。

それでは、色はどうなんでしょうか。

生後3ヶ月くらいまでは、明暗の区別ができ、コントラストの差が小さいものに興味をもちだす頃、生後4ヶ月くらいで、ある程度の色の区別はつくようになってくる。

ところが、大人でも、そうなのですが、青という色だけはどうも分かりにくいようで、錐体《すいたい》細胞の発達に左右されているようでもあるらしいのです。

赤ちゃんは、どうやって人の区別をつけているのでしょうか。

正面から見た顔、横から見た顔、これらは、顔として認識しているのではなく、複雑な図形として、見ているようである。

生後しばらくの間は、髪の毛の黒と顔の色を明暗として見ていて、生後4ヶ月くらいから、顔として認識しはじめるようである。

いつも、見ている顔には興味を示さなくなり、はじめて見る顔や、時々見る顔には興味を示す、そういう人を見る学習をしていくうちに、お母さんを見分けることができるようになるのです。

赤ちゃんというものは、多くの人と接することで、人を見分けることや記憶することができるようだ。

そういう学習をしていくと。

たとえば、人混みの中から、特定の人を探す能力が、それである。

私たちが見るという、なんでもない、普通のことの動作は、赤ちゃんの時に学習され、勝ち取った能力なのです。

乱雑に散らかった机の上から捜し物をするときも、わずかに物の下から飛び出して見えるものを、瞬時に見つけられる、そういうことだって能力の積み重ねで得た力なのです。

当たり前のことを、当たり前のように、やっている、そういうことが、こんなに神秘的な成長の上にあるなんてすごいことですね。

成長というものには、言葉の獲得が大きく、劇的な変化をもたらしてくれています。

極端なことをいえば、動物から人間らしくなってくるといっても言い過ぎではないでしょう。

大人でも同じことがいえるんですけど、りんごがあるとしましょう。

そのりんごを見て、そこにあるりんごは現実ですが、まだ見えているとはいえません。りんごと言葉にしたとき、自分自身の中で、もう一つの現実を作ることで、そこにあるのが、りんごであると認識できて、見えたということになるんですね。

ちょっと分かりにくいでしょうか。

目の前の現実が目に入っていても、それを言葉にして認識しないかぎりは、見えたことにはならないというわけです。

それはなぜか。

目でものを見ているのではなく、脳でものを見ているから。

目が見えるってことは、そういうことであります。

ここまで、お分かりになりましたでしょうか。

いよいよ、映像と図形で見ているという、話に入っていきますよ。

そんなに難しくないですから、がんばって読み進めてくださいね。

ここでちょっと中高生の頃、好きだった異性を思い出してみてください。

どうでしょうか、その子の髪型だとか着ていた洋服だとかどこにいたときで、どんな天気であったとか。

そんなことが、映像として浮かんできたのではないでしょうか。

私たち、光を見ている限り、なにかを思い出すときは、必ず映像というものが、ついてくるものなのです。

また、映像があると、とても理解しやすかったりもしますね。

最近の家電製品のマニュアルなどでも、イラストを使って説明しているので、文字を見なくても理解できたりもします。

映像というものは、利点もあるのでしょうが欠点もあったりもします。

ものごころが付いた頃から映像にどっぷり浸かっていたりすると、あまり考えるということをしなくても、なんとかなってしまうので、言葉を知らないことに気がつかなくなっているようにも見える。

言葉を使って過去と未来から想像したり、学習をしたり、考えているときでも、必ず映像というものが自分という中に存在している。

どんなにがんばっても、映像というものからは離れることはできないのです。

意識しているかどうかに関係なく、浮かんでは消え、消えては浮かぶ、どうやらそういうもののようである。

そういったことが、光を見ている私たちの脳は合理的で、もっともよりよい道筋を選ぶために、映像というものも、うまく使っているのかもしれない。

記憶というものは、脳にどのようにして、保存しているのでしょう。

一つの出来事を、そっくりそのまま、脳に保存しているわけではないのです。

出来事をばらばらに分解して、脳の別々の場所へ保存しているのですね。

そうすることで、何かあったときに一カ所に保存していたら、そっくり取り出せなくなってしまうってことが起きないとは限らない。

ばらばらに保存しておけば、関連づけて組み立てて、一つの出来事にして取り出せば何かあったときでも、一部が欠けるだけで大きな問題にはならない。

しかし、こんなとんでもないことが、おきることもある。

ある出来事が、強く印象に残っているものがあると、その記憶のかけらが、別の出来事の中に関連づけられ、組み立てられて取り出されるという現象がおきることがある。

それが、AさんとBさんの記憶にちょっとした食い違いが出てしまうというものです。

そういう経験一度や二度はあるでしょ。

図形の話へ進めていきましょう。

見えている人は、映像で記憶しているという話をしてきました。

では、光を見ていない視覚障害の人たちは映像の代わりを担ってくれるのが、音や皮膚感覚での空気感です。

目はなぜ、二つある？

耳はなぜ、二つある？

右の目、左の目は、同じものを見ていても、見ている角度が違いますから、わずかにずれがあるはずなのです。

ところが、それを、感じていません。

脳が補正してくれているからなのですね。

その代わりに、三次元空間を、認識することができているのです。

もし、片目だけだったら距離感をうまく認識することができませんが、慣れてしまえばなんとかなるようです。

これと同じように、耳が二つあるのも、左右の音は別々に聞いていますが一つの空間の音として感じているのも、脳がうまく補正してくれているからなのです。

そして、音での三次元空間を認識することができているのですね。

３６０度横の方向、上下関係の高さの方向、広がりのある距離感が音の三次元空間なのである。

この空間を記憶していくのに図形、つまり、地図に置き換えておけば認識も容易に共有することができる。

一つの出来事を記憶として取り出したとき、光を見ている人は映像が関わりをもつのに対して、光を見ていない人は音や空気感で、三次元空間の中で記憶された出来事を見ているのですね。

そして、一つだけ、どうだ、うらやましいだろうって、言いたいものがある。映像で把握するのには、言葉が少なくても問題なさそうだが、図形で把握するのには言葉がたくさん必要なのですよ。

だから、言葉に置き換えて、感性が豊かでないと伝える力も育たないのです。

たとえばですね、目的地の道案内をするのに、映像で把握している人は、あの建物を左に入ったところにありますよって言われただけで、理解はできるでしょ。

図形で把握している人は、南に１５０メートル行ったところに交差点があるから、そこを渡って左に１００メートル行くと目的地がありますよってぐあいに言えば、理解ができますね。

地図が描けるじゃないですか。

あの建物どこにあるのってよりも、距離がわかって交差点を渡らなければ、左には入れないてことが、分かりますよね。

言葉力がなければ、図形で表現することができないってことですね。

うらやましいとは思いませんか。

つぎは、中途失明で光を見ていない人はというお話です。

どこの時代で光を失ったかで、多少の違いがあるのかもしれませんが、ここでは成人になってからの方たちがどうなのかということを、話してみます。

前回でも話していますけど、脳というものは、もっとも合理的な道筋しか、指示しないと言いました。

ということは、過去に光を見ているのですから、脳は遠回りで複雑な道筋は選ばない。過去の記憶を、都合よく使おうとするものなのですね。

光を見ていた経験が、活かされるということです。

ですから、映像との関わりが、比較的大きいことになりますね。

しかし、そんなことを言っても、見ていない光だってありますよね。

そこは、脳のことですから、もっとも合理的に、処理するはずなんですよ。

目の前の風景が、現実として存在しなくても、それを説明してもらうことで、想像力と過去力を使って、自分自身の中に映像として現実を作り出すことができるのです。

実際とは異なるかも知れませんけど、やはり映像を見ることができているのですね。

想像力にしても、過去力にしても、どれだけの幅をもっているかにかかっているともいえるでしょう。

それでも、どんだけがんばっても、映像として作り出せないとき、脳はもう一つの道筋を図形的に、把握する方法を選ぶのです。

認識する限り、それが、脳にとってのもっとも合理的な方法だというわけですね。

ということは、先天盲の方たちより、中途失明の方たちの方が、映像というものを少しでも持っている分、認識力は、大きいことになる。

これは、ある意味しかたがないことなのかもしれない。

いやいや、そんなことはない、図形的に把握していたって、言葉力があれば想像力だって大きいはずですから、可能性は大です。

映像にしても、図形にしても、言葉をどれだけ使うことができるかに、かかっていることになるわけですな。

時々見かけたりしませんかね、昨日見た2時間ドラマのあらすじを事細かに話せる人、いたりするでしょ。

私なんか、すごいなあって、感心するばかりです、なんてったって、凡人ですから。

こういう人は、見ているものが違うんでしょうし、言葉を知っているってことです。

夕焼けを見たとき、わぁきれいって言う人ですか、それとも、わぁきれい、まるで〇〇みたいって言う人ですか。

同じ夕焼けを見ているのに、夕焼けだけしか見ていない人と、夕焼けのほかに別のものを見ている人の違いってことです。

言葉をどれだけ知っているかで、見ているものがたくさんあるということですね。

どうでしょうか、少しは視覚障害について、何となくでも理解できましたでしょうか。

またあなたにとって目が見えるとはどういうことか、知ることができたでしょうか。

他者に思いやるためには、まずは自分自身を知ること。自分を知らなければ、他者を知ることはできないのです。

ここからは、現在のコメント。

言葉の獲得が、成長に劇的な変化をもたらしてくれると、レジメを、ブログ化した記事でも言っているように、言葉というものは、伝え力や表現力だけではなくて、観察力も大きな役割をもっています。

目の前のものを、どれだけがんばって見ていても、そこに、言葉がなければ、細かなところまでは、観察できないということなんですね。

ものを考えるのに、何を使って考えると思いますかって問えば、多くの人は、頭を使って考えますと言ったりします。

残念ながら、頭を使っては考えることはできません。

そこに言葉がない限り、何も考えることはできないんですね。

きょうの夕食は何を食べようかと考えるのに、やはり、きょうの夕食は何を食べようかって、言葉にしないと考えられない。

人は言葉を獲得したことで、過去と未来を行き来しながら、想像力にしても観察力にしても、考える力はどれだけの言葉を持っているかで、決まってくるものなんですね。

同じ夕焼けを見ていても、夕焼けだけしか見ていない人と、夕焼けのほかに何か違うものを見ている人がいるのは、多くの言葉を持っているから、感性が豊かであるってことなんですよ。

最近では、メッセージなどを送るのにも絵文字をよく使って表現していますけど、その表現、本人はどこまで分かってメッセージを送っているのか、メッセージを受け取っているのかが、疑問な所でもある。

人は、言葉を使う動物です。

まずは大事にしてほしいものですね。

目の見える方は、正面を見て歩きますよね。

では、目の見えない方は、どこを見て歩くでしょう?

これは、自分が全盲になって、はじめて認識したことなんですけどね。

目の見えない方は、横を見て歩くんですよ。

なにも、そっぽを見ながら歩くということではなくて、杖の先が横にある壁などの障害物を確認することで、今いる位置と進む方向を、認識しながら歩くってことをいっているんですね。

弱視だった頃なんかは、そんなもんなのかなあって、思っていただけで、全盲になって、こういうことだったのかって、肌で感じているところなんですよ。

本当に経験してみないと分からないことだらけ。

見えていた頃に歩いていたところも、見えなくなってみて、こんなに別世界のような、そりゃあ疲れますよ。

でも、そうやって、覚えていくしかないんです。

どうして正面を見て歩かないのか、ちょっと疑問に感じませんか？

おれも、見えていた頃は疑問でした。

前が一番危険なんじゃないのって、思ってましたけどね。

見えなくなって知ったことは、自分が今いるところを確認できないでいると、前進することが一番危険なことになるんですね。

どこをどう移動しているのかが、まったく分からないですからね。

１８０度危険な状態にいるってことになるわけですね。

横が分かるだけで、位置関係と進む方向が分かる。

たとえば、車道と歩道を分けているガードレールがあるだけで、確かに歩道にいるっていうことが認識できるし、ガードレールに沿って歩くことで歩道から離れてしまうということがなく、安全な道筋を教えているセンターラインのようなもの。

それだけで、安心感が得られるってわけです。

もう一つ、目が見えようが見えなかろうが、関係なく、こんな遊びもあったんですよね。

盲学校に入って、びっくりしたことが。

寄宿舎では、これといった遊びがありませんから、室内野球というのがあってね。

当時の寄宿舎の食堂では、燃料として薪を使っていたんですね。

そういうことですから、食堂の裏には薪が山積みになっていて、そこから、バットとして使えそうな薪を失敬して、室内野球の道具として、３０センチの長さに切ったものをもってくる。

ボールは、小さなゴムまりを使うんですね。

その、ボールを畳の上でゴロで投げると、畳の目に沿ってサッサッて音がするじゃないですか。

その音を聞いて、バットで打つというものなんですけどね。

室内野球のルールがですねえ、これがなんと、図形的に音で位置関係を把握するんです。

ゴロで壁に当たればシングルヒット、柱に当たれば二塁打、鴨居に当たれば三塁打、鴨居の上の壁に当たればホームラン、それ以外の壁に当たればアウトといったぐあいに、耳で聞こえる音がすべてなんですね。

すごいでしょ。

目なんか、どうでもいいんですよ。

残された機能をフル稼働させれば、こんなこともできちゃうんですよ。

漢方医学への道

私学であろうと、公立であろうと、鍼灸科の授業は、西洋医学理論で学んでいくものなんです。

漢方の授業も、もちろんありますよ。

週に1時限だったか、2時限だったか忘れていますけど。

東洋医学理論は、ここで学ぶんだけど、そこは学校ですから、あまり深くは学ばされてはいないんですよ。

今の時代だって、変わってはいないんじゃないだろうかねえ。

鍼灸といえば、東洋医学だと思っている方の多いこと。

残念ながら、そうではない。

東洋医学理論をもとにした病理生理で臨床をしているのであれば、それは東洋医学になる。

西洋医学理論をもとにした病理生理で臨床をしているのであれば、それは西洋医学ということになる。

この違いが、大きいんですね。

学生時代のおれといえば、どこか病院へ就職できればいいなあって、思ってただけなんですね。

ヘレン・ケラー学院では、ほとんどの学生が開業を目標として勉強をしていましたから、卒業後にはそのまま開業をしているのです。

鍼灸科は、授業は午前中だけですから、すでにあんまの免許は持っているので午後からは仕事ができるっていうことなんですね。

学生の頃から、あんま業で開業しているわけですから、そこに鍼灸が入ってくるだけのこと。

たしか、うちのクラスでは病院勤務を望んでいたのは、おれだけだったように思う。

ほかは、開業組と治療院勤務組に分かれていた。

そんな、16人のクラスメイトと、77年3月に無事卒業する。

毎朝昇降口で生徒を見守り、声をかけてくれていた事務所の先生には、「恩田さん、よく卒業したねえ」って。

「どこかで、退学しちゃうんじゃないかと、思ってたよ」っても言われた。

そんなに、危なっかしい生徒に見えていたのかなあって、思ったりもして。

担任にはいつも私学と公立は違うんだから、よく考えて行動しなさいってしかられていたせいか、危なっかしい生徒に別の意味で見られていたのかも。

そして、目標としていた病院勤務先が見つかったのであるのだが、求人募集内容を見てみるとリハビリができればほしいようなものであったのに、まあ恩田君、臨床の中で覚えていけばいいんだから、大丈夫だよなあんて言い放ち、恩田君だって少しはリハビリの勉強はしてきているんだから、なんとかなるよ。

そんな軽く言われたのだが、少し荷が重いなあって思ったもんだから、あきらめることに。

行き場がなくなったので、とりあえずは自宅で、つなぎで開業すればいいやってことに。

でもねえ、自宅の周りを見ていると、77年前後の時代は新興住宅街となっていて、たしか、ここは畑だったよなって思ってたら家が建ち、たしか、ここは田んぼだったよなって思ってたらいきなり家が建ち、大丈夫なのかなあって。

うちだって田んぼを埋め立てて、5年か6年もほったらかして固まった頃に家を建てているのに。

そうか、そういうわけなら、ここで開業するのもいいのかもって。

家を買うのは、30代半ばから40代半ばなんだし、夫婦に子ども二人という家族が多かった時代。

それならば、老人を相手にしなければ何もしなくても、向こう30年は安泰でいられるかも。

これ、分かりますか。

高齢者は、あちらこちらの治療院へは、ほとんど通うことはない。

ということは、一度来なくなれば、もうその後はないことになり、新たな高齢者の患者は、ほとんど来ない、そういうものですから。

ところが、若い方たちは、あちらの治療院こちらの治療院へと、渡り歩く渡り鳥なのである。

その、渡り鳥を、どれだけ獲得できるかで、決まってくるってこと。

そのためには、なにを患者さんに提供し、治療していけるか。

治療院としての、臨床の形を決めておかなければならない。

学生時代から、やっていた西洋医学理論で、鍼灸を提供することに。

79年7月に、我が家の敷地内に治療院をオープンさせた。

といっても、これまでは、つなぎでやっていたもんですから、恩田マッサージということで、看板を上げていたので、しばらくの間は、そのままで営業をすることでいたんですけど。
経営学を学んでいるうちに、大きな問題に無頓着でいたことに気がつくというか、先生に言われたんですよ。

恩田さんは、マーケティングの面では、できているようだが、なにを、どんな風に、提供していこうとしているのかが、見えてこないですねって。

そうなんですよねえ。

経営の基本であるところの、だれに、なにを、提供するのか、その、だれが、なにを、求めているのか、それにたいして、なにを、今すれば良いのか。

この三つの条件なんですよね。

だれに、なにを、提供するのかというのは、若い世代の患者に、西洋医学理論での臨床をということで、治療室には、パルス治療器、マイクロ波、ホットパック、赤外線を用意し臨床実現のための、研修会へ参加し、求めに応える臨床の勉強をしながらの実践経営で行くことにした。

とにかく、相手となる患者さんには、そんなに、余裕のある方たちではないはずだから、より早く、できるだけ苦痛のないような治療でなければならない。

そういったことが、学校では学べなかった実践臨床の研修が、必要ということなんですね。

開業をしようとしている、その地域が、どんな環境の上に構成されているところなのかが分からなければ、どんな経営をすれば良いのかも分からないし。

危なくなったときなんかは、対処のしようが分からないから、撤退ということにもなりかねない。

そういうことを、あまり考えていない治療家が、意外にも多いのに、驚きでもある。

盲学校の理療科にしても、私学の鍼灸科にしても、経営学の授業は、必須項目であってほしいものであると、思うところである。

そうすることであれば、あんま鍼灸業界も、とんちんかんな発想がなくなり、勉強をする業界になりうるだろうに。

そんな中で、同年秋には、現在の名称、恩田治療院として、スタートすることになる。

そして、経営方針を揺れ動かす、大きな出来事が起きるのです。

８２年に盲学校時代の同級生の大林君から、経絡治療は良いぞって言われたんですよね。

臨床の幅が広がって、やりがいのある仕事になるから、勉強会に来てみたらどうかっても言われたんだけど。

経絡治療というものは知ってはいたが、あまり臨床的にはっきりとしないもののようにも思っていたので、ほとんど乗る気にはならなかった。

ところがこいつ、セールスがうまいのか、やたらとおれにすすめてくるんですよ。

経絡治療というと、漢方医学の中の治療法をいっているものなんですけど。

学校の授業でもある程度は学んではいるが、そんなに深くは授業の中には出てこない。

そういうことだから、イメージがわきにくいところがあって、どちらかというと否定的に見ていたんですね。

鍼灸はやはり、西洋医学理論で行くべきだと。

それでも、セールスされるもんだから、一度くらいなら行ってみてもいいかなってことで、聴講生として、参加してみることにした。

ちょうどその頃といえば、風邪気味でして、できることなら、家でじっとしていたいくらいだったんだけどね。

理論は今一つ分からなかったけど、臨床実技で初めての聴講生なら治療を受けてみなさいと、担当の講師の福岡先生がおれに言ったんですね。

この福岡先生がのちの新たな業界へ誘われることになるとは思ってもみなかった。

それに、長い間お世話になることにもなるんですね。

さて、治療を受けてみて、食欲がなく、熱っぽくだるさがあったんだけどね。

家に帰ってしばらくすると、食欲が出て、だるさがなくなり、熱っぽかったのがないことに気がついたんですよ。

セールスの友達にそんなことを話したら、だから、経絡治療を勉強すればいいよってても言われてしまった。

こんなに大きく変化が見られるんだと、初めて知った経験でもあるんですよ。

それなら、勉強をしてもいいかなって。

そして、８３年４月に、東洋はり医学界という業界へ入った。

地域の業界では年に数回の集まりがあって、そこで勉強をするのかというと、そんなに勉強会っていうほどの組織ではなく、会員としていたところでたいしたことがなかったので、いつの間にか離れてしまい、久しぶりの勉強会というか、本格的な勉強会らしい勉強会で充実した、一日を過ごすことになる。

こういった勉強会は、月に１度の間隔で行われている、組織だったんですね。

漢方医学の基礎を２年かけて学修し、その中で鍼技術も習得していく。

その技術を、自分のものにするためには、治療院での中で、臨床を積み重ねて覚えていくしかないということになる。

今から思えば、最初の患者さんはえらい迷惑だったりして。

この時代といえば、インターン制度なんてものは、ほとんどなかったですから、自分の治療室で修練していくしかなかったわけですね。

大昔は師匠の下で働きながら漢方医学を学び技術指導を受けながら、少しずつ患者さんの治療にたずさわらせてもらえるようになっていく。

そして、師匠から免許皆伝となり、一人前の治療家として、鍼灸院を立ち上げることができていた。

それが、戦後になって免許制度が始まり、学校という場で鍼灸を学ぶのだが、ここに西洋医学理論を基礎とした教育へと変わっていったのであります。

公立の学校であれば、文部省の管轄で、ヘレン・ケラー学院のような私学では、厚生省の管轄で指導されているもんですから、理論に対しては、きっちりした教育がなされるようになり、技術指導は師匠の下での教えから見れば、技術重視とは見られないものになったともいえる。

そういった状況下において、この会では理論も実技もかなりのウエートをかけていて、学びがいがあった。

一番苦労したのが、経絡治療をするための指作りである。

右手が鍼を刺す手のことを、刺手という言い方をするのに対して、左手では鍼を支えるのを押手という言い方をしているんですね。

この、押手の作り方が分かりやすくいうなら、親指と人差し指で鍼を支えるわけなんですけど、やや指先寄りで鍼をつかむように、押さえつけるんですけどね。

これがねえ、押さえつけた指の間から鍼が出てくる、その指の間が開いているようではいけないということで指の間を狭くする訓練が、ひたすら行われたんですよね。

普段から気がつけば押手作りの練習をしていたもんですわ。

今から思えば、そんなにむきになってするほどのことではないような気もしている。ただ、マッサージをしていると、親指にやや変形が見られるので、ある程度の押手作りは必要な気もするところである。

そして、もう一つ大変だったのが、脉診《みゃくしん》である。

脉という漢字が見たことのない文字かもしれませんね。

一般的に書かれる漢字では、脈ですよね。

これは、お医者さんがお脈拝見というときに使われる文字で、脈拍数や強さを見ているものなんですけどね。

鍼灸師にとっての脉というのは、形や強弱、速さを診察しているものなんです。

ここが、西洋医学と東洋医学との違いの一つでもあるってことですね。

もう少し細かなことを言うなら、お医者さんが見ているお脈拝見は、橈骨《とうこつ》動脈で見ていいますよね。これは、ご存じかと思いますけど、鍼灸師が診ているのも、橈骨動脈で見ています。

この脉の搏動《はくどう》に指を当てて診ているわけなんですが、お医者さんは当てて診てるだけ。

鍼灸師は、搏動に指を少し押し下げたり少し緩めたりして診ています。

漢方理論では、指を押し下げたり浮かべたりという表現をしているんです。

これ、３本の指で見ているんですけど、脈の形が３本に触れてくる、脈が３本それぞれ違うものが見えてくるわけなんだけど、これがどうしてどうして、初心者には何ともちんぷんかんぷんでして。

分かるようになるには、どれくらいの年月が必要だったのかは、まったくといって覚えていない。

そりゃあそうですよねえ。

技術というものは、日々の訓練の積み重ねなんですから、きょうの自分あすの自分、先週の自分来週の自分、去年の自分来年の自分というように、向上しているはずなんですからね。

そして基礎を学ぶ2年間が終わる頃、埼玉支部を立ち上げるということで、おれも役付けで誘われることになる。

東洋はり医学界というところは各都道府県に支部があって、これまでなかった埼玉にも支部を作ることになっていたようで、誘われていたんだけど。

おれは、もともと東京の足立区にある支部に入っていて、ここでいいやって思っていたんだけど、メンバーが足りないということもあって、役付けにするからという誘いに乗ることに。

なんの役であったかは、今は覚えていない。

まあ、勉強ができるんならどこでもいいということもあって、入ることにしたんだけどね。

これが、おれの人生を大きく変えることになるとは！

埼玉支部のメンバーの中の２名と、この後長く深いつながりをもつことになるんです。

アマチュア無線の上級試験にしても、陸上無線の試験にしても、ここで誘われているんですから。

盲学校時代の友達よりも、おれにとっては大きな変化をもたらせてくれた。

それほどの友達ということになるんですね。

埼玉支部の立ち上げから２年ほどたった頃だったか、なんとなんと、またしても大きな出来事が。

埼玉支部長の就任ということに。

これはねえ、はっきり言って困りましたよ。

だって、おれ、ものを作ったり壊したりすることは、まあまあできるんだけどさ。

支部長ともなると、おれがもっとも苦手とする人を育てるということをしなければならない。

そりゃあ無理ってもんだよって思ってはいましたけど、恩師に指名されたんでは逃げ回るわけにはいきませんしね。

できるかどうかは分からんけど、やってみないことにはってことで受け入れたんです。2年くらいは座り心地の悪いポジションでして、ものすごく気が重くて、本部からはあぁだこうだと言われ、支部内ではうんともすんともで、とにかくやりにくいのですわ。それはおまえがはっきりしないからだよって言われそうな。

そんなおれが、突然吹っ切れたのが、年に1度関東にある支部長が集まる支部長会があって。

ここに、会長も出席するんですね。

特に決めごとをしているわけではないんですけど、それに近い話をしているんですね。そういったところで、会長がこんなことを言ってたんですよ。

技術にしても理論にしても、できない人を救っていくのが本会の特徴なんだから、なあんてことを。

それに対して、東洋はり医学会といっているんだから、ある程度のレベル以下はふるいにかけて落とすなり、切るべきじゃないですかって。

それじゃあ、東洋はり医学塾の発想じゃないのってまで、おれは会長に言ったんですね。

怒り心頭になるかと思いきや、それはそれは、なだめるようになんて言われたのかは覚えていないんだけど。

これがきっかけとなって、会長をはじめとして、本部役員と比較的密接な関係をもつことになっていったんです。

なにかと会長とは時々ぶつかることも、総務部ともぶつかるなどしながら、埼玉支部を仕切っていくことがなんのこだわりもなくできるようになっていく。

そうこうしているうちに、この業界を去ることになる2年前くらいでしたでしょうか。

一部の会員と理論面で正面衝突が。

聞けばなんてことのない話なんですけど、気の交流というものを、どうみているのかってことなんですけどね。

患者の治療は、術者の気を患者に送るってことなんです。

確かに本会に入った頃には、そんなことを言ってたし、おれもそう思ってた。

でも、よく考えればそれって変でしょ。

じゃあ、おたずねしますが、術者の気を送っているってことは、気がなくなってきたら、術者はどこからもってくるんだろうって。

実際には、そんな、発想のわけはない。

患者の気の不足というものは、少ないなりの、全体のバランスを取ってあげることが、気の交流なんだけどね。

もっと分かりやすくいえば、こういうことです。

Aさんがおはようって言ったら、Bさんがおはようって返す。

この時、どんな気分になりますか？

もちろん、良い気分になるでしょ。

Aさんがおはようって声をかけて、Bさんは無視するとしたら、どんな気分になりますか？

良い気分とはなりませんよね。

良い気分になるってことは、自分の中にある、気のバランスが取れたってことなんですよ。

良い気分にならないってことは、自分の中の気のバランスが、崩れてしまったってこと。

こういったことが、気の交流ってことなんですね。

なにも、気というものは、あちらの人からこちらの人へと移動するなんて、ありえないってこと。

自由自在に相手を操ることなんて非現実論。

そんなこんな日を送っているうちに、おれは体験治療をしてくれた恩師にも、技術面での恩師にも、新たな業界へ来ないかと誘われることになるんです。

そうなると、埼玉支部はどうするかという問題を片づけなければならなく、どうしたもんかと考えていた。

後を継ぐ者がいなければ、埼玉支部を閉じようと。

おれとしては、それが一番の方法論ではないかと思い、総務部長にありのままを伝えた。

ところが、部長は継続を促してきたんですね。

まあ、言われることは、分からなくもないんですよ。

おまえの都合で、せっかく立ち上げた埼玉支部を閉じるとは、なにごとかってことですよ。

やる気のないものを、いつまでも、だらだら存続させておくよりも、ばっさりと切り捨てた方が、今は大変だろうけど、大きな変化のチャンスなんだし、自分を見つめてほしかった。

後を継ぐということを言ってくれた一人がいたので、埼玉支部を託すことに。

これが、のちにアマチュア無線の上級試験や陸上無線の試験を一緒に受けた友達なんですね。

やっと、やる気になってくれたことが、うれしかったです。

でも、もしかして、しょうがないから、その気になったたっていうこともあるやなしやかも。

まあ、受け入れてくれたってことは、地位は人を作るってもいうじゃないですか。

そうはいったところで、つぶれてしまう人もいたりもするけど、それは、見る目がなかったか地位を渡したのに、いつまでも居座って見守っているからつぶれていくっていう最悪のパターンということ。

結局、最終的に、本部役員となっていますから地位は人を作るってことで、自分の力で成長していったことになるんですね。

埼玉支部は、継続することになり、総務部長に伝えた。

その足で、おれは東洋はり医学会を去る。

そして95年に漢方医学理論に興味をもったおれは、恩師のいる漢方鍼医会へ入ることになるのです。

入会をして数ヶ月ほどたった頃でしたたか、1年弱前あたりから、体調が今一つよくなかったんです。

その後に胃潰瘍であることが分かるんですけど、自分自身の治療をしていたんですが、なんかすっきりしない。

すぐにおなかが空いて、ある程度食べるとおなかが苦しくなる、そういうのを繰り返していて、腎虚の証で治療しても、うまくいかない。

なんとなくツボを探っていたら、胃経の解谿穴《かいけいけつ》に、触れたら、とても、おなかの調子がよくて、これっていいのかなあって。

漢方理論では治療というものは陰主陽従という原則があるんだけど、原則は原則なんだから、これでもいいのじゃないだろうかって。

では、陰主陽従とは、簡単に説明しておきます。

陰経には、肝、心、肺、脾、腎が配当されています。

陽経には、胆、小腸、胃、大腸、膀胱《ぼうこう》、三焦が配当されています。

五臓六腑《ろっぷ》なあんてことを聞いたことがあるでしょ。

それが、これですね。

治療は陰経から先に治療をして陽経を必要であれば後から行う。

そういう理論があるんですね。

治療結果に自己満足をして、陽経からやっていたんです。

これは、陰の虚熱てことであるから、胃経を直接、最初から手を出すってことになるわけなんです。

この方法は、後に分かった理論なんですわ。

そしたら、会の中にでも同じことを言っていたものもいて、実技の時間に同じ班になったということもあって、そんなことを、一緒にやっていた。

そして、臨床研究発表で、胃潰瘍の治療研究を発表したら、賛否要論。

後には、陰陽剛柔というものがあるから、それもありということに。

大事なことにならずに、恩田さんがモデル患者になるとやりにくいなあって、言われるようなことにもなるはめに。

これがきっかけとなって、胃がんの治療や肝臓がんの治療に関わりをもつことになっていくんですね。

陰陽剛柔である間は、患者さんは比較的元気に見えているんですけど、陰主陽従の正当な治療に変わっていくと、患者さんは通うこともできず体力を失って、ほかの患者さんから、「先生だれだれさんは先月亡くなったそうですよ、聞いてますか」って言われることもある。

最初から最後まで、病院で関わらせてもらえたら、陰陽剛柔から陰主陽従になったとき、本当に体力を失って亡くなっていくのか、その経過を知りたいところでもある。

また、どのあたりでオペをしているのかということも、注目しておくものでもありますね。

では、陰陽剛柔を簡単に説明しておきます。

アルコールをよく飲まれる方の脈に触れてみてください。

あなたの指を押し上げてくるように脈が触れるはずです。

でも、それは虚熱の脈ではありません。

虚熱の脈は津波のように指を押し上げてくるように触れてくるものなんですね。

原則の治療よりも虚熱であることの方が重大な問題なので、胃の虚熱であるから先に胃経を治療しているわけなんです。

やっぱり分かりにくいでしょ、そういうもんなんだと思ってください。

そして、96年の春頃であったか、一人の女子高生が治療にやってきた。

なんと、貧血なんだというのです。

しかも、鉄剤を服用しているとも言っている。

貧血についてはある程度分かってはいるが、治療となると初めての経験なのです。

貧血ということは、血の不足ということは、血を作るのは脾であり、材料を作る最初の機関は胃ということ。

この二つの経絡に問題ありというわけになる。

患者は、だるいだのやる気がないだの、眠いだの朝が起きられないだとか言うわけなんですね。

そりゃあそうですよねえ。

鉄剤を服用するまでの貧血症状が出ているわけなんですから当たり前ですわな。

脾胃を補って、肩がこるだの腰が痛いだの言っているので、やりすぎないように治療をして、初回を終えている。

ここまでの患者を診たのは、その後一人もいない。

貧血って病院ではどう扱っているんだろうと、調べてみると、なんと日本では、ほとんど病気としては診ていない。

ただ、鉄剤を服用するような、重篤なものであると見れば患者として診ているようだ。

後に知ったことなんですが、日本の周りの国では貧血を病気として診ているのに対して、日本の無頓着ぶりには驚いた。

これだけの貧血をかかえているわけですから、冷えという問題も見逃すことができない。

この患者さんから教えられるものが大きく、冷えや貧血というものを、なんとなく見ていただけだったんですが、臨床の中で重視するようになっていくことに。

治療院オープンから若い患者さんがいたのに、こんな重大な問題を気にとめていなかったことに、臨床の奥深さを思い知らされ、勉強不足を反省するところであります。

その後知ったこととして、思春期の女子には、２３％ほど貧血をもっていて、その中の５％ほどが、深刻な貧血をかかえているという。

また、高齢者の男女にも、貧血が多いということが分かった。

そういったことで、治療室では冷えや貧血は見逃さない臨床を心がけているのです。冷えを見逃せば、免疫力の低下を見逃すということにもなるわけであって。貧血を見逃せば、女子高生のように鉄剤を服用するまでになってしまっていれば、生活にも支障が出てくるであろうし、そこまで至らなくても、やはり問題は問題なのであるから、手を下す必要がある。

そういったことであるわけですから、女性の鍼灸師が、漢方医学の道へもっと多く入ってきてほしいものです。

女性の患者さんには、女性の鍼灸師の方が、話しやすいでしょうしね。

これからの時代、そういった患者さんが多いはずなんですから、同性同士の方が細かな部分で必要なところではないでしょうか。

臨床の現場レポート

ここでは現在スマホから投稿しているアメーバブログの中から、臨床の現場シリーズをいくつか取り上げてみようと思います。

臨床というと、なんか難しい話を始めるのかって思うかもしれませんが、だれでも分かるように話をすすめていきます。

実は、日常の生活の中にでも漢方病理でも説明できるようなものが、どこにでも転がっているものなんですね。

ただ、生活の中では難しく考える必要がないから、気づいていないだけのこと。

ちなみに、日本人というかアジア民族の大多数は、旧暦のリズムで動いている。

そういう血が流れているってことなんですよ。

専業農家の方でしたら、今の時代でも旧暦を使っての仕事運びで行っている方もおられるのではないでしょうか。

もともと暦というものは、農暦として作られたものなんです。

先人は長い時間をかけて探し出した一年のリズムを作り上げたんですから、すごいことなんですよ。

中国では旧暦の一月一日が、春節の始まりということは日本人でもご存知かと思いますけど。

漢方でも、一月から三月までを春としています。

四月から六月までを夏、七月から九月までを秋、十月から十二月までを冬としているんですね。

これを、新暦に当てはめていくと、次のようになります。

二〇二四年
旧暦　一月一日　新暦　二月十日
　　　四月一日　　　　五月八日
　　　七月一日　　　　八月四日
　　　十月一日　　　　十一月一日

二〇二五年
旧暦　一月一日　新暦　一月二九日
　　　四月一日　　　　四月二八日
　　　七月一日　　　　八月二三日
　　　十月一日　　　　十一月二十日

この年は六月が閏月《うるうづき》に当たります。

二〇二六年
旧暦　一月一日　新暦　二月一七日

四月一日	五月一七日
七月一日	八月一三日
十月一日	十一月九日

二〇二七年	
旧暦	新暦
一月一日	二月七日
四月一日	五月六日
七月一日	八月二日
十月一日	十月二九日

それでは、四季というものを感覚的に見たときに、どんなところから見えてくるのか。

一月からは春ですから、立春の前一八日前後に冬の土用の入りがあります。二〇二四年の場合は一月一八日、二〇二五年は一月一七日、二〇二六年は一月一七日、二〇二七年は一月一七日です。

ここを境にして日の光も少しずつ明るくなってきて、光の強さも少しずつ感じるようになってきます。

土用は、その季節の底に当たり、次の季節への準備ということになるわけなんですね。

そうなると心もなんとなくうきうきした気分になり、外へ出てみようだとか何かしてみたいだとか、行動的な気持ちになるものなんですけど。

もしそうならないのであれば、何か病を抱えているということになる。

仮に、病気で入院などをしていたとしても窓から入ってくる外の光が明るく感じて、うきうきした気分になるとか外に出てみたくなるだとか、そんな気分になれるのであれば心までは病気になっていないということになる。

もう一つ、こんな視点からも見てみましょうか。

五節句というのはご存知でしょうか?

一月七日は春の七草、三月三日は桃の節句、五月五日は端午の節句、七月七日は七夕、九月九日は重陽《ちょうよう》の節句をいいます。

新暦で、三月三日に桃の節句は早すぎます、桃の花は咲いていませんし、端午の節句では鯉幟《こいのぼり》というものは、青空に泳ぐものではないですから、五月五日も早すぎるし、七夕にしても七月七日では、梅雨時のまっただ中ですから天の川なんて見られることはほとんどないといってもいいくらいですね。

この五節句というものは旧暦で行うものであって、季節というものを正しくとらえられるのであれば、理解もできるのではないでしょうか。

それでは、漢方病理を分かりやすく話してみましょう。

陰気、陽気というものがあります。

陰気というものは寒の性質を持ち静的な性格であって、陽気は熱の性質を持ち動的な性格であります。

あの人は陰気な人あの人は陽気な人、なあんていうふうに言ったりするでしょ。

そうしてみると、陰気な人にしても陽気な人にしても、なんとなくでも分かるような気もしませんでしょうか。

冬は体の熱を外に逃がさないようにするために、陽気は体の奥に入り体の表面には陰気が表面に出て守りに入る。これとは逆に、夏になると体の熱を外に逃がしてあげなければならないので、陽気は体の表面に出てきて陰気は体の奥へと入っていくものなんです。

そうでないと体の中に熱がこもってしまいますから、発散させなければならないということなんですね。

汗が出るということは、そういうことなんですよ。

さて、ここで問題ですよ。

どうして秋になると、さびしく感じるんでしょう?

もう、理解できているんじゃないでしょうかねえ。

そうですね、秋になると陽気は体の奥へ奥へと移動して、陰気は体の外へ外へと移動してくるからなんですね。

動的な性格の陽気は体の中に入って、静的な性格の陰気は外へ出てくるからってことです。

これとは逆に、春になってくると静的な性格の陰気が体の中に入っていき、動的な性格の陽気が外へ出てくるから行動的になってくるってことなんですね。

西洋病理でいうなら、セロトニンというホルモンが少なくなってくるから、さびしく感じてくるようになるってことですね。

春になると、セロトニンというホルモンが多くなってくるから、うきうきした気分になってくるってことなんです。

四季を感じ取るということは、太陽の位置と角度の変化、日差しの強さの変化で季節を知るってことなんですね。

何も、暑いから夏だとか寒いから冬だとかというものは、ほとんど関係ないわけなんです。

では、漢方の鍼治療の話を、すすめてみましょう。

深入りはせずに、基本的なことだけを簡単に記しておきます。

陰と陽は、裏と表の関係。

体でいえば、皮膚表面は陽にあたり、皮膚の下は陰ということになります。

体には十二経絡というものが巡っていて、肝、心、脾、肺、腎、胆、小腸、胃、大腸、膀胱、そして、心包、三焦というものをいいます。

どこかで聞いたことのある臓器の名前が出てきましたね。

これは、もともと日本名にするときに、漢方で使われている名称をそのまま割り当てたものなんです。

そういったわけですから、漢方を初めて勉強するときに、西洋医学で使われている名称と、漢方で使われている名称が同じなもんですから、混乱してしまうんですね。

肝といっても西洋医学と漢方医学の理論は、異なっているので、ある意味困ったもんでもあるってことなんですね。

初めからドイツ語での名称にしておけば、混乱なんて起きなかったわけなんですから。

漢方治療では、寒と熱で病をみています。

陽である、皮膚表面の陽気、陰気の過不足、陰も同じように過不足で病をみます。

春夏、秋冬でも鍼の刺し方の違いもあります。

治療の中では陽気を見ていますから、春夏は表面にいるので鍼は角度をつけるのに対して、秋冬は体の中にいるので鍼は立てて使います。

ものすごくざっくりしたものですけど、こんなところにしておきましょうかねえ。

アメーバブログで載せた記事を、そのまま付け加えてみました。

だれもが一度は経験していそうな話です。

臨床の現場レポート４５

今回は、肩こりから、抜け出すことはできないのかってことで、話すことにしましょう。


うちの治療室にも、肩こりをかかえている、患者さんはいます。

ただし、肩こり単独の症状で、訪れる患者さんはいません。

そういうことですから、本来の病床が治癒すれば、肩こりから、抜け出すきっかけが、できたことになる。

まあ、乱暴な言い方をすれば、そうなんだけどねえ。

体というものは、そうは問屋がおろしてはくれないものでして、どうしてどうして、時としてやっかいなこともあるんですな。

以前にも、ここで言っていますけど、やっかいな肩こりなんかは、体の冷えがそうさせているワケなんですな。

てことは、体が温まっていれば、肩こりなんていう症状は、消えてしまうものなんです。

ですから、現状維持がどこまで、もちつづけられるか。

そして、獲得できたその先に、はじめて肩こりから、抜け出すことができたといえるでしょう。

これで話が終わっちゃったら、お客さんなんかは、なあんだよこれだけかよって、来るんじゃなかったってことになっちゃうもんね。

よく患者さんから、聞く話で、「肩こりは鍼治療で治りますか？」とか、「どこそこの治療院で、鍼治療をしてもらったけど、なんかスッキリした感じがなかったんだけど、鍼ってそんなもんなんですか？」

ねえ、お客さん、こういう疑問を投げかけられると、こちらとしてはさ、いったいどんな治療後の感触を、求めているんだろうかってね。思っちゃうのよ。

やはり、お客さんも、そんなかんじのところですか？

鍼灸師のお客さんは、そんなこと聞かれたことないですか？

肩こりがひどいと、マッサージをしてもらう。固くなった筋肉を強く揉んでもらうと、痛いけど、それが気持ちいい。治療家の手が離れると、もう少しやってほしいなあって。

おれがまだ鍼灸師でなかった頃、マッサージをやっていたのね。その頃なんかはさ、よく言われたのよ。

千円追加するから、もう少しやってよって。

こちらとしては、バイト感覚でやってましたから、それならばということで、やってさし上げてましたよ。

そんなことを、3年くらい、マッサージをやってましたかね。

その中で、あることに気がついたのよ。

ツボをしっかり捉えて、患者さんの求めるところに応えることができていたから、固定患者というか固定客が膨らんでいったわけよ。見る患者見る患者、みな共通してるのが、振り出しに戻っているか、さらに、固くなっているかの、どちらかであること。

素材が多ければ多いほど、学習内容がはっきりしたものになってくるもんですわ。

疑問1　どうして、患者さんは強揉みへと変化していくんでしょうか。

疑問2　どうして、肩こりが強くなっていくんでしょうか。

疑問3　どうして、多くの患者さんは、術者の手が離れると、もう少しというような気持ちになるんでしょうか。

疑問1と2は、こういうことであろう。

体というものは、強い刺激を受けると、それに対抗しようと固く強くなっていく。

これの繰り返しが、強揉みへと、そして肩こりがさらに強く、といったように追いかけっこになるんですね。

経営面で見るなら、とても良いドル箱を、一つ手にしたともいえるのかも。

ただし、いいか悪いかは、横に置いときますよ。

おれは、こういうのは罪づくりだと思い、マッサージを捨てた。

疑問3は、どういうことなんでしょう。

強く揉めば、肩こりは、さらに強く。

てことは、体というものは元に戻ろうとしていくもので、こりを強く揉むことで、潰される。

そうすると、潰されたこりは元に戻ろうとする。

潰れた後は血行が良くなるが、すぐに弱まって冷えが出てくる。

これが、もう少し揉んでほしいといった感覚に陥る。

そうしたことが、悪循環の道のりへ乗ってしまう。

まあ、こんなことを言っていると、マッサージ否定論者てことになっちまいますわなあ。

お客さん、おれはマッサージを、全面否定はしませんよ。

ただ、現実を言ってるだけ。

じゃあ、これを回避する方法も話しましょうね。

お客さん、長くなっちまってすいませんね。

では、どうすればいいのか。

肩こりから抜け出せるのかは、すいません、おれはそこまで追試してないので、分からんのですわ。

まずね、固くなってるところを、グリグリ揉むから、より固く、より強揉みへと突き進むってことなんですから、固いところは、とりあえずは無視する。

じゃあ、どこをやるんだよ、てことだよね。

脊椎の直側と、起立筋の間の隙間に指を立てるようにして入れる。

これだと、力任せに揉む必要がないんですわ。

しかもしかも、患者さんは、気持ちよさを実感できる。

もう一つは、肩甲骨内側から、肩甲骨の中に指を入れ揉む。

そして、側頸部揉む。

これらもほとんど、力入れる必要はない。

特に、側頸部に力は禁物でっせぇ。たったこれだけで、あんなに固かったのが、少し柔らかく触れるようになっている。

どうしても、ここをやりたいなあって、思うなら手のひらで軽くつまむようにしてあげる。

ただし、やりすぎは禁物だよ。

でもねえ、これ四十年以上も前の話なんだよ、おれは、鍼灸院でなければという条件で、親に言われていましたから、どっちにしても、マッサージは捨てなければなかったんだけどね。


ここまでがブログ記事です。

肩こりは多くの方が経験しているものではないでしょうか。

その肩こり、どうしていますか？

ほとんどの肩こりは、放っておいても問題はありません。

血行障害から来る冷えなんですから、運動をして体が温まれば、こり感なんてもんは消えてしまうものなんですよ。

どうしてもやるなら、絶対にやってはいけないことは、たたくこと、ぐりぐり揉むことですよ。

指圧のようにゆっくり力を加えていく。1、2、3、4、5てぐあいに数を数えながら強くしていく。

ゆっくりと力を抜いていく。1、2、3、4、5てぐあいにです。

渾身の力は禁物ですよ。

相手のことを考えてしてくださいね。

もう一つの手としては、蒸しタオルを、肩こりの部分に載せて温める。

蒸しタオルが冷めてきたら、新たな蒸しタオルを載せる。

これを4、5回繰り返す。

それだけで肩こりは楽になるものです。

ただし、冷えやすくなっていますから、重ね着で守ってくださいね。

こういうことでしたら、簡単なことでしょ、ただめんどくさいことでもありますけどね。

本当なら、運動をすれば一番の解決策なんですけどね。

次の記事は鍼治療の話です。

ブログ上で一部漢字の間違えがありましたので、ここでは正しい漢字に変更しています。

臨床の現場レポート４６

肩こりから、抜け出せるのか。

今回は、鍼治療ではということで、話すことにしますわ。

前回にも言ってるように、肩こりということだけでの、患者さんはいません。

診察の中で進めていくうちで、肩こりもあるんですよ。なあんてことを、言ってくるんですね。

一番多いパパターンは、生活姿勢からのものですね。

一番少ないのが、貧血からくるものでしょうか。

主症状に合わせて見られる肩こりは、その大元の病状が改善されれば消えていくものですが、生活姿勢からのものは本人の意識次第が大きい。

そうはいっても、仕事上からのものは、そう簡単にはいかないかな。

では、うちでの鍼治療は、どのように進めているか。

何度も言っていますように、漢方病理での話になります。

ただ、これだけは西洋病理でもいえると思いますが、高結《こうけつ》を鍼が突き抜けては意味がない。

これだと、串刺しですから、緩和させることは程遠いですな。

肩こりといっても、気なのか、津液《しんえき》なのか、血《けつ》なのかで深さが異なってきます。

そうなると、鍼の扱いも合わせていかなければならない。

気の不足による変化であれば極端な話、手で軽くなでさするだけでも、気は動き、患部が温かくなって、楽になるものです。

津液や血の場合は、固結と冷えがみられる。それが皮下に、さらにその下に存在する。鍼も津液であれば皮下へ押し下げ、血であれば筋まで押し下げ、津液や血が流れるのを待つ。

瀉法《しゃほう》ですね。

では、鍼をどこへもっていくかなんですけどね。

天柱《てんちゅう》、風池《ふうち》などの、あの横並びの部分と脊椎直側、またはその外側でも。

必ず見るのは、欠盆《けつぼん》周辺の高結。

これを処置するだけで、肩甲間部のこりは、ほぼ取れるものです。

そして、その高結をどう診て、鍼をもっていくかですが、ど真ん中へもっていっても、意味はありません。

それは、ただ高結を潰しただけです。

治療室を出る頃には、高結が復活してきます。

じゃあどうするか。高結周り、要するにふもとなんですけど、軽く指でふもとをぐるっと触ってみると、力のない感触を触れるところがある。

そこが、鍼をもっていく場所なんです。

津液がらみのものであるなら、鍉鍼《ていしん》でも対応できますね。

これは、高結を形成している津液であれ、血であれ、瀉法はこれらを流すという漢方病理なんです。

潰せばすぐに復活するのに対して、流せば半日はかかって少し復活するものですわ。

肩こりから、本当に抜け出せるのか。

生活姿勢からの、肩こりは治療をすることで、方向性を見出すことで、生活スタイルを変化させられれば、抜け出せるでしょうね。

これは、マッサージだって同じことだと思いますよ。

貧血からの肩こりはある程度解消され、元気になれば肩こりから抜け出せます。

この場合は、気の不足からのものですから、貧血の治療を重視することですね。

要するに、よけいなことをあまりなさるなってことですわ。

お客さん、最後までお付き合いありがとうございました。

お疲れになったでしょ。

おれも、スマホで作成していて、疲れました。


ここまでがブログですが、ちょっと、ちんぷんかんぷんのところがあったと思いますが、要するに、固くなっているところに深く鍼を刺してしまうと、ただ単につぶしているだけのことで治療にはなっていないということなんです。

もう一度言いますが、肩こりというものはほとんど生活環境を見直し、体が温まることをしていれば問題はないということなんですね。

ただし、持病を持っている方は、鍼治療が必要なこともありますよ。

現代人はスマホの使いすぎで、首のこりを訴えてくる患者さんも多くなってきています。

ひどい患者さんですと、手の痺れや首の痛みを訴えてくることもあります。

長時間スマホを見ているという動作に、適応性はまったくないということなんですね。

次のブログでは、もうここでお話ししている、陰陽と季節の関係。

まあ、がまんして読みすすめてください。

臨床の現場レポート47

毎年この時期になると、言ってる話なんですけどね。

一昨日の20日は夏の土用の入りでした。

お客さんにとっては、そんなことより２３日の土用の丑の日の方が生活実感の話ですわな。

ここでは、それはたいして関係なくて土用に入ったことが重要なことでね。

夏から秋へのバトンの１８日間ですわ。

気温というものは、季節とは、とりあえず関係なくて、日の明るさや角度の変化、風や空の変化、草木の変化が季節を分けているのです。

夏の土用に入ったということは、つぎの季節への準備なんですわ。

よおうく観察して見ると、２０日前くらいから、風の中にも秋を思わせるような感触が、わずかではあるが、秋が溶け込んでいるのを実感できる。

お客さんは、どう。

注意して見ていると、部屋の中に入ってくる日の光が少しだけ奥の方へ、なあんてことを、実感できるのではないでしょうか。

それだけ、角度が下がってきていることになりますわな。

そうなると、光の強さも少しずつ弱くなってくる。

そんなことを言ったって、まだまだくそ暑い日は続く。

でもさ、８月にもなれば、だれでも思うことだと思うんだけどさ。

夕方になると、なんとなく、さびしく感じませんか。

それはどうして？

いつも言ってることですけど、光が弱くなると、セロトニンが少なくなっていく。躁から鬱へというように変化していく。それが、さびしさを感じさせているわけですな。

漢方病理でいうなら。

陽気が陰へと移動していく時期ということですね。陽には陰気が陰には陽気が、それぞれ少しずつ多くなってくるから、体は鬱の方向へと変化していくので、なんとなく、さびしく感じるように向かっていくわけですね。

木枯らしがそろそろかなっていう頃になってくると、夕方あたりから家々からもれこぼれる明かりに幸せ感を感じたり、温もりを感じたりするのも、陽気が陰に沈んでいるから、そのようになるわけですね。

それでは、臨床の面からも見てみましょうか。

秋は肺金が旺気《おうき》する季節でもある。

金克木ですから、秋は肝木虚であることが、季節要因だけで見られるのが、漢方で見る病態生理である、したがって秋は肺虚、春は肝虚が多くなるなんてことを、真顔でいわはる先生方が、なんと多いことが。

そういったことが、本当に多く見られるというなら。

それは、異常なことである。

秋には肺金が旺気するってことは、空気が冷たくなってきて、体表面の守りを強くして、冷えが入るのを防ぐ。

そういう働きが、季節の生理。

それが虚していたら、体表面の防衛力が弱いということですから、季節の生理ではないですよね。

あくまでも、季節要因だけで見た臨床ならば、そういうことになりますわな。

でもねえ、お客さん。現実の臨床では、単独の要因なんてほとんどありません。

ここまでお付き合いいただいた、お客さんに感謝いたします。

スマホで３時間かけて、作成してみました。


ここでは季節のバトンの話ですが、すでにお話ししている通り、もう少し季節を感じる余裕を、もっていただけるのなら、生きている実感をもつことができるのではないでしょうか。

よく聞く話で、四季がなくなってしまい、春と秋がものすごく少なくなってきたなあんてことを。

実際にはそんなことはないのに。

現代人は自然の流れをまったく見ようとはしない。

それだけ自然界からかけ離れた生き方をしているともいえるのかもね。

次の記事では、学校でのゲストティーチャーをさせていただいていたときに、どうしても気になることがあって、それがなかなか分からなくて、たまたま読んだ一冊の本で解決したという話です。

臨床の現場レポート１６

今回は、若者たちの口の中の事情が危ないということで、お話ししてみたいと思います。

これは、今から二十数年前くらいから、なんか変だなあって思ってたことなんです。

それは何かというと、おれが学校で授業をやっていて、小中学生の発音が少しおかしい。

それが、年々ゆっくりではあるが増えてきているように感じ始めたんです。

しかもしかも、気がつけば治療室に受診する子どもたちにも、見え始めたんです。

発音がおかしいとはどういうことかといえば。

さ行、た行、な行、ら行のさたならが変なんですよ。

この、さたならの発音が正しくできていない。

なんかねえ、口先で話しているような、あまり口を開かずに話しているようにも聞こえてくるんですね。

これがものすごく気になっていて、原因はなんなんだろうと、疑問に感じていたんです。

知り合いの歯医者さんに聞けば、それは、歯並びが悪いだとか虫歯が多いからだとかが、いえるんじゃないのかなあって言ってたんですね。

でもねえ、それにしてもひどすぎるほどのしゃべり方なので、いやいやまだ何か原因があるはず。

そんな気持ちを何年にも渡って抱きつづけていた疑問が一冊の本であっという間に解決してくれた。

なんかこんなセリフをいうと、昔懐かしやＮＨＫの青年の主張みたいな話やねえ。

まああ、それは横に置いといて。

小島理恵（著）『歯科医が教える歯ヨガ　歯と口から免疫力を上げる』

さて、あなたは、口を閉じているとき、舌の先はどこにありますか？

A、上顎もしくは上の歯に触れている。
B、下の歯に触れている、もしくは歯肉に触れている。

さあ、どちらでしょうか。

Aと言った方は、正常で問題ありません。

Bと言われた方は、残念ながら問題です。

実はね、このBの方が、若い人に多いんだそうです。

柔らかい物を食べる、あまり噛まないなどの食事に問題があるようで、要するに、鵜《う》呑《の》み状態ということですな。

それが、舌はどんどん下がり、歯並びも悪くなり、虫歯が多くなっていく。

こうなっていくと、口呼吸となり免疫力も低下していくでしょうし、口の中は乾燥して細菌の宝庫となっていきますね。

この本は、口腔内のトラブルに対してのケアーを紹介しているものなんですが、長年の個人的な疑問を解くきっかけとなったのであり、うちの治療室で行っているわけではありません。

トラブルやケアーについてのことは、是非お読みになってください。

舌はほぼ筋肉です、高齢者にも衰えから舌が下がり、誤嚥《ごえん》性肺炎の原因にもなっているようですな。

あ、そうそう、ケアーの方法なんかは動画でも見られますから、見てみてくださいな。

現代人の口腔内の事情を、勉強させていただきました。

そんなわけですから、今後の患者さんに対して、どのように対処していくか、歯科医との連携もどのようにしていくか、大きな課題を突きつけられた。


ここまでがブログ記事でした。

どうでしょう、気がつかないうちに、食の環境がとんでもないほどに大きな問題を突きつけているように思える。

ところが、そういったことに対してだれも何も言わないのは、どういうことなんだろうか。

これを放置しておくと、この子たちの将来がとても心配です。

数十年前に、団塊の世代の人たちは長生きはできないと言われたりもしましたが、ところがどっこい、元気で長生きしています。

どれくらい生きられるのかは分かりませんけど、この国を作り上げた世代のパワーはものすごいものがあり、食も満足ではなかった時代をくぐり抜けてきただけあって、体は頑丈にできているのかもしれませんね。

食が豊富にある今日にあって、とにかく食べやすく柔らかくといったぐあいに、噛むことをしなくなっていることの重大さに早く気がついてほしいものである。

舌は筋肉ですから、適切なリハビリを受けることで、正常な位置に戻すことができますよ。

成長期でもある早いうちに正しい方向へ向かわせる必要があるっていうことなんです。

さ行、た行、な行、ら行、これらの共通点はなんだか分かりますか？

舌の先が上の歯に当たっていなければ、正しく発音ができないんですね。

話をしていればすぐに分かるものですから、早いうちにリハビリと食の見直しが必要です。

将来のためにも見つけてあげてください。

としボーの経営学

経営学というと、なんか難しい話でも始めるのかと思うのかもしれませんが、生活をしている限りは必ずあるものなのです。

会社のような組織経営であると、とても分かりやすいし難しく話せばどこまでも広がるのでしょうが、おれには、そんなことはできませんし、80年に学んだ経営学止まりってところなんですから、そんな大層なものではありませんのでどうぞ。

一人でいたって経営学はついて回ってきますし、子どもであってもやはりついて回ってくるものですね。

子どもの頃、余ったお小遣いを貯金箱に入れていたりしていませんでしたか。

大人は数字を見て理解していますけど、子どもは貯金箱の重さを知って理解しています。

ほしい物を買うために、少しずつ貯金箱に入れるだとか貯金箱の重さを確かめて、いくらくらい貯まっているかなあって思いながら、今開けてほしい物を買っちゃおうかなあって考えたりもしたりしたんじゃないですか。

広い意味でいうなら、もうここで始まっているんですよ。

そんな、レベルくらいの話ということで始めてみましょう。

おれがいつも行っている理髪店の店主と話をしている中で、どうしてここで店を開いたかという話になって、こんなことを言ってたんですね。

自分の店を出すのに同業者の少ないところを探してもらったら、ここだったんですよって。

こんな会話の中でも、経営学がしっかりとあるでしょ。

鍼灸マッサージで開業するのだって、やはりそこにも経営学があらねばならないということです。

それが、どういうわけなのかほとんど経営学が聞こえてこないんですよね。

鍼灸の学校にしても医学部にしても理容学校や美容学校にしてもそうなんですけど、授業の中に経営学という科目はどこにもありません。

おれが鍼灸学校にいたときなんかは、そういうことにはなんにも疑問なんてものはなかった。

経営学なんてものは、経済全般を学ぶ者がするものだと思ってましたから。

ところが、そういったことに疑問を感じ始めたのは、大手のチェーン店を出すのに周辺の調査をしているという話を聞いたとき。

そうか、そこに店を出すということにも、理論が存在しているんだと知ったことからなんですね。

開業するなら経営学を勉強しなければということで、鍼灸学校の先輩5人とおれの6人で、経営学部の先生に授業をしてもらったんですね。

おれたちが経営学を学ぶに当たって、教科書にしたのが、『マネジメント　基本と原則』という本を使っての勉強会だったんです。

顧客はだれ？

その顧客は、なにを求めている？

そのために、自分は今なにをしなければならない？

この三つの条件から、経営学の勉強が始まっているものなんですけど。

懐かしいって思われた方が、どれくらいいるでしょうかねえ。

２００９年頃だったか、もしドラという小説がベストセラーになったことで再び注目を当てられた、『マネジメント　基本と原則』、３０年も前の本がまだ生きていたとは。

おれなんかは、そう思っちゃいましたけどね。

『もし高校野球の女子マネージャーがドラッカーの「マネジメント」を読んだら』という小説では、高校野球はだれのために、そのだれは何を求めている、そのためには今何をしなければならないのかでしたね。

だれのためとは、学校や地域のため。

何を求めているとは、甲子園へ行くこと。

そのためには今何をしなければならないとは、己を知り相手チームの戦力を研究して練習をする。

ほら、高校野球にだって経営学がしっかりとあるじゃないですか。

だったら、鍼灸マッサージ業だって病院だって理髪店だって経営学の理論がそこになくてはならないはずなんです。

鍼灸院という名称に変更したときに、業者は他者との差別化を図るためにもこんな器械を入れるといいですよなあんてことをセールスしてきました。

無条件に乗ってしまえば、そこに経営学理論はないということになってしまう。

鍼灸は西洋医学理論でやっていこうと進めていましたから、必要最小限の医療機器を入れることにしたんですね。

そうすると、これに対しての研修を受けることに。

そうでないと理論から外れてしまうことになりますからね。

そういったことが、８０年の話。

それが、なんと3年で西洋病理から漢方病理へと路線が変わり、これまで以上に研修会へ出るということになっていくんです。

できるだけ早く、人並みの治療家に近づかなければならなかったからなんですね。

学生時代は病院勤務が希望であったおれが、地元で開業なんてするとは思ってもみなかった。

開業するなら地元以外のところでと、考えていましたからね。

ところが家の周りをよく見ていると、あんなにいやというほどの田んぼだらけのところが、どんどん埋め立てられてあれよあれよという間に、家がどんどん建っていく。

そんな風景を見ているうちに、なんだここは新興住宅街化しているのかって思ったのね。

それだったら、ここでもいけるんじゃないかって見たんです。

ということは、家を買うのは３０代半ばから４０代半ばの人たちだろうし、７０年代といえば夫婦に子ども二人という家族構成が多かった時代。

それだったら、老人を相手にしなければ向こう３０年は特別なことをしなくても、患者は勝手にやってくると考えたんです。

老人を相手にしたら、十数年で鍼灸院は立ち止まってしまいますからね。

なぜならば、老人は渡り鳥化にはならないので、治療に来られなくなればそこで終わり。

新たな患者さんは、ほとんど来ることはない。

これが、経営の傾くパターンなんですね。

そういったことに気がつかないのが問題なことでもある。

ところが、若い患者さんたちはおどろくほどの渡り鳥化しています。

これをどれだけ立ち止まらせることができるのかで、向こう３０年の経営が決まってくるってことになるわけ。

しかもしかもです、このような患者さんたちは新たな患者さんまで連れてくるようなことにも、家族までも連れてきたりもするんですよ。
そういう考えのもとで、親に無理を言って鍼灸院を開かせてもらったんですね。
なんてったって、鍼灸院を立ち上げるお金なんてそんなに持ってはいませんでしたから。

親は鍼灸が条件という考えもあったようで、こちらとしても鍼灸が条件でということでもあったので意見が一致したということになるわけです。

ところがですねえ、親は鍼灸よりもマッサージをやってくれって言っては、いつもやってあげてたんですよ。

なあんだ、言うこととやることが違うじゃんって思いましたけど、そこは身内のことでしょうから、そんなもんなのかなあって信頼されてないんだなあんてもね。

まあ、それはそれとして、この３０年計画経営は本当に何の問題もなく過ごすことができました。

ところがですね、社会がここまでめまぐるしく変わっていくとは思ってもみなかったです。

昭和という時代は、どこでも商店街が賑わっていた。
それがですよ、昭和が終わる少し手前あたりから、スーパーがあちらこちらにできてきて、商店街に活気が消えてしまう。

タテ社会のタテの仕組みの商売が、終わりを告げ始めるってことですね。社会はタテからヨコへと少しずつ変化し始め、そして平成が始まり、スーパーにも変化が。

ショッピングモールの登場です。

タテからヨコ社会へ、社会行動が大きく変化して、そういったことが人の行動心理まで変えてしまったんですねえ。

おれたちはタテ社会の中で生まれ育っている。

ですから、世代間を超えての付き合いがあるし、異なった考えであっても異なった習慣であっても付き合っていくことができる。

ヨコ社会で生まれ育った若い方たちには、そういったことが難しいようで、同じというワードの中でしか付き合うことができない。

これを、経営という視点で見ると、コンビニやショッピングモールのように一つの場所で何でも手に入る。

いろんな人の顔を見なくていいというように、便利といった枠の中で行動する。

ヨコの仕組みの経営というわけですね。

そして、おれの最大の経営学の失敗が一つ。

今になっていいやというほど、突きつけられているものがありまして。

それはですね、組織経営を避けてきたということなんですね。

初めから組織で鍼灸院を開いていたら、まだまだ安泰の経営ができていたはず。

昭和という時代であれば、組織でなくても問題なくできる、隣はだれがいるのかも分かっていて、人の繋がりが比較的深かった。

そんな風景のまちづくりであったからこそ、普通に成り立っていた。

それが、平成令和と時代が変わり、少しずつ価値観も変化してきて、社会が大きく変化してしまった。

そんな時代であるからこそ、昭和の価値観では成り立たないものなんですね。

たとえばですね、マーケティング一つ取るのにも、昭和という時代はのどかでしたし
一戸建ての家が多かったこともあって、洗濯物や布団を干すなどは外に出していましたから、それを見ただけでその家の家族構成が分かるもんでした。

庭先においてある物でも、就学前の子どもがいるのかいないのかも見ただけで分かる。

そうやって、マーケティングは簡単に取れた時代。

ところが今ではそんなことはできませんから、聞き込みをしながらマーケティングを取るしかないわけです。

たったこれだけのことでさえも、変化してきているんですから、鍼灸マッサージの中でも変化していないわけはないはずですよね。

おれがなんで組織経営を避けてきたのかというと、性格なんですね。

巨人の星というアニメはご存知ですか？

星飛雄馬《ひゅうま》の生き方が大好きなんですよ。

だれもやったことのない変化球大リーグボールを自分の力だけで作り上げていく、そういうのが。

一人でこつこつと研究をしては試してみる、それの繰り返しが今の４０年という自分なんですね。

だから人を育てるということは、おれにはできない。

教師になりたいと言ったとき、先生にはこんなことを言われもした。

恩田君は何でもふるいにかけて落としていく、残ったものだけを相手にするでしょ。

教師が一番やってはいけないことなんだよって。

痛いところを突かれたなあって思ったし、先生も伊達《だて》に教師をやってないんだなって。

夢と現実は違うんだということが、後に、いやというほど思い知らされているわけですからね。

漢方の世界へ入ったときから、恩師からは手取り足取りの教育なんて受けてはいませんし、まあ、初めの頃だけでしたね。

恩師がやる治療を見て、自分が恩師の前で治療をやって見せるんです。

恩師からここがよかっただとかここが悪いから直しなさいというように指導を受けながら、恩師に近づけられるような技術の研究をしては、恩師に見てもらうという繰り返しで覚えていく。

これが昭和の技術は盗んで修練しながらものにしていく。

こういうのが、技の世界ではまかり通っていた時代なんですね。

そんな環境の中で育ってきたというのも手伝ってか、集団の中で勉強をするということが大の苦手なんですよ。

性格と苦手意識があったのでは組織経営なんていうものに、初めから発想なんてなかったんですね。

この社会が永遠に続くと、信じていたくらいなんですから。

それが、今では患者さんの世代交代ができていないということは、もはや地域の老人村化が加速しているということでもあろう。

社会の変化に対応できていないということであるなら、経営者は退場をしなければならない。

それが、経営学の原則なんですから。

若い頃と同じくらいのモチベーションがあったら。

ここまで社会が変化してきたのなら、組織経営でもう一度挑戦でもしてみようかなあんてことも考えるんでしょうけど、残念ながらこちらも老人。

苦手意識がありながら無理を押してでもやろうものなら、こちらが壊れてしまいます。

２４年には７０歳、あと何年できるってことですよ。

こういったことが、おれの最大の失敗であって、３０年経営しか見ていなかったということであって。

ここは素直に認めるしかないです。

健康観

自分の健康に気をつけていますか。

年齢もだいぶいってくると、あれもだめこれもだめというように出てきたりもして、あんがい辛いものでしょうねえ。

おれの場合は、持病は特にありませんから制限されるものなんてのはないので、そういう制限のある方の気持ちは、申し訳ないけど、まったく分からないんですよね。

たぶん辛いんだろうなあって。

そんな程度でしょうか。

どうでしょう、多少の持病をかかえている方でしたら、健康には注意していると思いますが、その注意ってどんなふうな思いで日々を過ごしているのでしょうか。

先ほども言ったような、あれもだめこれもだめといった引き算方式の、健康管理なんでしょうか。

いろいろな方の話を聞いていると、たいていの方たちは、引き算方式の健康管理で、いったいこの人たちは何が楽しくて生きているんだろうって思ったりもする。

持病がないから、そんなふうな考えになってしまうのかもしれないけど。

本当にそれでいいのだろうかって思うんですよね。

確かにね、あれもだめこれもだめというものに手を出してしまう長い間の生活習慣が、現在の結果をもたらしていることが事実として目の前にあるわけなんですよねえ。

それは理解できるところでもあるんですけど、やりすぎはいかがなものかと。

まあ、そうかといっても隠れてこっそり、あれはだめこれはだめというものに少しだけ手を出してみるなあんてくらいなら、精神的な健康面から見れば救われるものでもありますね。

ある程度のおちゃめ感がないと、やっていられないっていうこともあるんでしょうけどねえ。

昔、おれの知り合いにもそんなやつがいましてね。

これがものすごく徹底しているんですよ。だから、いつも食事に誘うメンバーにいたりすると、同じものを食べることができません から、一人だけぽつんと違うものを食べているんですねえ。

まあ、単なる腹ごしらえの食事ならどうでもいいことなんですが、これが食事会のようなものとなると、ちょっとめんどくさい話にもなり、こいつはとにかく徹底しているもんだから、うるさいうるさいまじでめんどいやつなんだけど、人としてはいいやつなので、だれもが誘い出すほどなんですね。

めんどくさいやつでも、どこか一つや二ついいところがあれば、まあ、しょうがないかって思えるものですな。

この、健康観は、引き算方式だけでは健康に注意しているとはとてもいえないと、おれは思っていて、日々の生活がどうあるのかが問題なのだと言いたいんですね。

健康診断って受けていますか？

持病を持っている方でしたら、定期検診を受けているんでしょうけど。

そうでない方たちは、どうなんでしょうかねえ。

会社で健康診断を受けろと言われているだとか、自治体から健康診断の申し込みが届いているからだとかで受けているんでしょうかねえ。

じゃあ、言われなければ受けないんでしょうか、どうなんでしょう。

これなんですけどね、会社や自治体から言われているからというようなものは、本当に必要なものなんでしょうか。

なぜそんなことを言うかといえばね。

自分の健康に不安を感じているのであれば、それはそれなりの意味合いがあるってもんじゃないですか。

でも、何の不安も感じていないのならば、どんな意味合いがあるんでしょうかねえ。

いやいや、そんなことはないですよ、健康診断を受けて何の問題もなかったんだから、これで安心ができるじゃないですかってことを言いますか。

でもね、よく考えてみてくださいよ。

検査を受けた日までが大丈夫だったということであって、結果を知った今が安心だという保証なんてどこにもないんですけどねえ。

細かいことを言うと、そういうことなんですけど少しめんどくさいやつになりますでしょうかねえ。

そうなると自分の健康チェックはどうすればいいんだよって言いたくもなりますよね。

ちなみに、おれが健康診断を受けたのは、盲学校時代に受けたのを最後に、それ以降は受けてはいません。

そういえば、ヘレン・ケラー学院時代に一度だけ、レントゲン車がきて、それが健康診断だといえば、それが最後ということになりますか。

3年もいて、たったの一度だけですよ。

なにしにきたんだろうって思っちゃいますがねえ。

なぜ、そういったものを受けないかというと、自分の健康に不安は感じていないからなんですね。

もちろん、自治体からは、なんで受けないんですかって電話で聞かれたりもしますよ。

それでも、不安は感じていないから必要ないって答えるしかないってことです。

じゃあ、どうしてそんなことを言い切れるのかってことですよね。

思い込みや自己満足で言っているわけではありませんよ。

やっていることは簡単なことなんです。

昨日の自分と今日の自分と比べてどんなことに違いがあるのかを、三つ以上見ることなんです。

もし、違いがあれば何でこんなに違いが出ているんだろうかってことを考えるんですよ。

良い違いと悪い違いが出てくるものですよ。

どちらが出ても、どうしてそうなのかってことを考える必要があるんです。

どうしても分からないときも出てきますが、長い間のうちにはどういうことだったのか分かることもあれば、長い間の経過の一コマであって問題視する必要のないことだったりもします。

こういうことを、来る日も来る日もやり続けるんです。

そういった中でどうしてもこれは変だぞって思ったときに、健康チェックを受ける必要があるってことなんですね。

胃潰瘍になったときにも、何かこれは変だぞって思いチェックを受けたら、かなり大きな潰瘍ができていて、医療を受けることにしているんですね。

大きな潰瘍になっていたということは、長い間の中でなんか変だなあって思ってはいたんだけど、へんに鍼灸師はいやですねえ。

自己治療をしているのは毎日のことで、いずれ治まるであろうなあんて考えているうちに、こんなことになっていたってことなんですよね。

こんな話をすると、昨日の自分と今日の自分の違いを三つ以上挙げろって言われても、なあんだその程度じゃないかって言われそうですけど。

はっきり言って、胸を張っては言えないところもあるやなしやでね。

言いわけにもなるかもしれないが、治療家ってねえ、自分自身に治療の手をかけると過信というのか、そういうのがあるんですよ。

手をかけさえしなければ素直に、これはおかしいぞってことを思うもんです。

昨日と今日の違いを三つ以上挙げるってことはね、どんなことでも良くて、食欲があったのに今日はそんなにないだとか、いらいらしていたのに、今日はないだとか、体が重く感じていたのに今日は何か、かったるくてなにもする気にもならないだとか、そういうことでいいんですよ。

簡単なことでしょ。

最初はね、そんなところからでないと続きませんし、自分の健康状態であっても、そんなに深く観察なんてできませんから、簡単で分かるところからでいいってことなんです。

それを毎日続けていると、長い間には健康の波が一定化しているだとか乱れているだとかが分かることが大事なことなんですね。

悪い症状が長く続くのであれば、健康チェックを受ける必要が出てきますし、医療を受けなければならないことにもなるでしょうしね。

そこは素直に受け止めてみることが大事なこと。

そういったことであるなら、自分の健康に気をつけているってことを胸を張って言えるんじゃないでしょうか。

何も考えずに自治体から通知がきたから受けてみようかだとか、会社が受けろというから、しょうがないとかじゃあ受けようかなだとか、そんなことでは自分の意思とは関係なく人任せの発想じゃないですか。

自分の体のことなのに、何で人任せにしているんですかねえ。

自治体にしても会社にしてもそうなんですけど、うちではこれだけのことをしているといったような保険をかけているにも見てしまうのは、どういうことだろうか。

こんなことをやっているのは日本とどこかの国だけ、おれに言わせれば余計なお世話である。

健康診断というものは自分の意思で、健康に不安を感じたときに受けられるようなシステムに早くした方がいいと思うんですけど。

意味合いをもった方であれば、本気で健康に向き合えるものではないでしょうか。

どこか悪いところはないだろうかって、血眼になってほじくり返して探したあげくに、手術をしなくてもいいものまで取り去ってみて、数ヶ月後には亡くなってしまうなあんてことも、案外多く聞く話です。

あまり健康診断のできない自治体なんかでは、医療費をそんなに使っていないのに対して、健康診断をよくやっている自治体なんかでは、医療費をけっこう使っているようであります。

このような不思議な疑問は、どんなもんなんでしょう。

通知がきたから、上司から言われているから受けるんだから、それでいいじゃんよって言われればそれまでですけど、他人がどうこう言う話じゃないですけどね。

70歳、80歳の高齢ともなれば、がんのリスクが大きくなるものです。

早期発見早期治療などと言っては、体の衰えの始まった高齢者にとっての手術というものは、大きなリスクもあります。

いつまでもベッドで横にさせられていれば筋力の低下も見られるようにもなり、そうでなくても年相応に体も弱ってきているところに、そんなことをすればどういうことになるかは想像もできましょうよ。

取っても取らなくてもどちらを選んでも同じということであるなら、取らない選択がいいってことです。

早期発見早期治療なあんていうものは、どこかの団体からの、マインドコントロールにでもかけられているんじゃないですかって言いたくもなりますけどねえ。

おれなんかは、今のところ受けようとは考えていないけど、いずれは心臓と脳ドックを受けてみようとは思っているんですね。

年齢を重ねていれば、心臓にしても脳にしても、日々の中ではそんなに問題はなさそうにも思えたりもするが、突然、なにが起きるかなんて分かりませんから。

こういうものは症状が出てからあっという間のことが、ほとんどですから高齢者はそういった意味で定期検診を受けてみることも必要なことではないでしょうかね。

おれは、今69歳。

健康寿命といわれているところまでは、あと3年。

ここを通り過ぎることができれば、平均寿命までの9年ちょっとまでは、利子で生きるようなもので。

それを超えることができるなら、貯蓄を取り崩して生きるようなものだと思っている。

健康数値が、欧米のものと同じで、日本人をはかっていることが、本当にそれでいいのか。

日本人の体型が欧米並みであるというのであるのなら、問題はないんだけど、どう見たってそんなことはないでしょう。

ならば、日本人に合わせた健康数値でなければならない。

こんな簡単なことに、だれも気がつかないのは、どういうことなんだろう。

そういうことであるから、ほとんど意味合いがないといっても言い過ぎにはならないのではないだろうか。

けちをつければいくらでもある。

たとえば、血圧ですね。

135だとか140を超えると高血圧だといわれてしまうようだ。

おれが学生の頃といえば、150だとか160を超えると高血圧だといわれていた。

高齢ともなれば血圧は高くなるのは当たり前のことで、血圧を下げてしまえば脳へ血液が十分に送れなくもなってくるのではないだろうか。

製薬会社と医療現場とが経営という価値観で結びつかれても、困るものであるよ。

どうして血圧が高くなるのかの根本的な要因が一番問題なことなのであって、単純に薬で血圧を下げれば良いということではないと思うのだが。

そこには生活環境であり、性格要因などが大きな問題なのです。

ざっくりとしたことを言えば、自己改革の意志があるのかってことですよ。

薬に頼るってことは、心理的な依存から抜け出すことができなくなり日本人特有の薬漬けにも気がつかないでいる、哀れな民族に見えてきたりも。

高齢ともなれば、腎機能だって弱くなっていきますから、服用した薬も体内に残留するようになってもきますから、言われたままロボットのように決められた行動をしていれば、そのリスクは自分の責任でそのまま降りかかってくるってこと。

薬の種類が多くなればなるほど、副作用のリスクは高くなるわけですね。

おれは、日々の中で薬を服用することはない。

せいぜい風邪を引いたときに1日か、2日だけ服用することはある。

風邪薬は効果があるのかといえば、ほとんどないといってもいいくらいです。

風邪の症状を和らげるのが精一杯なものなのであって、それ以上のことはないってことなんですよ。

症状が和らいでくれれば、後は体を休めていれば勝手に治っていくものです。

薬というものは、必要最小限であればあるほど、健康に近づけるってもんじゃないでしょうか。

死ぬ命

生きているものは、何で死ななければならないんでしょうか。

死には二通りの現象がある。

食べられて死ぬ場合や食べ物がなくて死ぬ場合、怪我や病気などで衰えて死ぬ場合などのアクシデントな死というものと寿命による死というものがある。

人は食べられるなんてことはほとんどありませんけど、食べ物がないなんてことが将来あるかもしれない。

この地上では6600万年ぐらい前には恐竜がいて、地球に隕石《いんせき》が衝突したことで気候が一気に変化したことから、草食動物は食料がなくなり絶滅し、それに依存していた生きものも食料がなくなり絶滅していく食の連鎖ですね。

そんな変化に対応できなかったものだけが地上から大型の生きものが消えてしまい、小さな生きものは環境の変化にうまく適応することができたことで、今があるともいえるのではないでしょうか。

そんなことが、また、この地上で起きないとは限らないのです。

アクシデントな死というものは、地上における変化と選択の問題であって、どう生き延びるための適応力が求められるものであるわけでしょう。

生物はすべて寿命があります。

細菌やコロナウイルスにでもあるわけですが、その寿命は短くて次の世代へと環境の変化に対応した生き方をしているものなんですね。

それが違うものへと変異していくということです。

大型で高等な生きものほど寿命が長くなっていて、天敵によって捕食されてしまう生きものほど子孫を残すために、子だくさんで。

捕食していく生きものほど子孫を残せる確率が高いので、少なく出産をしている。

その中に人がいるってことですねえ。

寿命というものは、老化によって使命を終えるというものであって。

人だって無数の細胞の集まりで、その細胞はなんども分裂を繰り返しながら最終的には使命を全うして死んでいくものです。

人を作っている細胞がすべて入れ替わるのに、4年ほどかかると言われています。だからといって別人になるというわけではなく、徐々に設計図にもとづいて入れ替えているからそんなことはないいんですね。

このところは、老衰で亡くなられる方が多くなっているんだそうで、自宅でのことといったのがあるのでしょうが。

詳しく解剖をして調べれば何かが出てくるんでしょうけど、そこまでする意味はないですから、そういったことになっているんでしょうけどね。

もし、人類が永遠の命を獲得できたとしたら、どんなことになるんでしょう。そういうことは幸せなことなのか、どうなんでしょう。

100年程度の時間の中でなら環境の変化というものはなんとか対応はできるでしょうけど、500年、1000年といったぐあいに長い時間の中では環境の変化にも社会の変化にも対応できないかもしれません。

食料やエネルギーの取り合いから戦争へと発展してしまうかもしれませんし、今言われている気候変動がどんなふうな変化をしていくのかで、対応ができるのかがどう選択できるかで決まってくるんでしょうけど。

死というものを受け入れて生きていくことが自然なことであって、幾世代にも渡って続いているわけなんですから。

感情を持つ人には、悲しみやさびしさがあっても、死の恐怖から逃れることはできない、そうやって成長をしているのではないだろうか。

生物は老化によって死を迎え、次の世代へと渡しながら環境に適合できる変化と選択をして進化をしてきたのです。

アクシデントな死にしても、同じことがいえるのではないだろうか。

そう考えれば、死というものが決して悪いものだとはいえないではないでしょうか。

それでは、医療の現場でのお話もしておきましょうね。

人の死には二つあると言いました。

生物学的な肉体の死、その人の思い出を持っている人がいなくなったときでした。

これは感情の視点で見たときの話のことを、言ってるわけですね。

では、医療の視点で見たときはどうなのか。

人が死ぬということには、三つの種類があります。

一つは、生物学的な肉体の死をいいます。

この時の家族は死というものを受け入れている場合で、医師はその場で死亡確認をすれば、ここで医療は終わることになる。

おれたち子どもの頃といえば、こんなふうに淡々と行われていたもんでした。

あの頃は、自宅療養が多い時代でしたから一部始終を家族は見ていたわけですよ。

だから、なんのこだわりもなく死を受け入れられていたということになりますね。医師が死亡確認をするまでは、心肺停止であっても生きているということに手続き上はそういうことになっているんです。

この場合の現場は、ものすごく気を遣うことにもなる。

心肺停止状態で病院へ搬送され医師がその場で死亡確認を、家族の前でしたとき感情とは無関係に現実を突きつけられたとき、家族はどうであろうか。

何も処置一つせずに「残念ですが」と言われたら、感情が先に立って不信感を持ってしまうということもあるでしょう。

ところがですよ、心肺停止状態で搬送され強心剤を静脈注射して心臓マッサージをする。

心音を確かめては心臓マッサージを続けるという行為をしていると、家族は感情とは無関係でいた現実を受け入れられるようになるものです。

十分な処置をしてくれたということが、死というものを受け入れられるようになってくれるものなんですね。

そういうわけですから、病院としても不満を突きつけられるよりは良いじゃないですか。

心肺停止状態では、ほぼ死んでいます。

つまり、病院ではやらなくてもいい余計なパフォーマンスをしているということになるんですね。

感情とは無関係に突きつけている現実を、家族がどう見ているのかを、病院は気を遣いながら巻き込まれるのを防いでいるわけです。

しかも病院は医療行為をしているわけですから医療費も取れる、損はないですよね。

二つ目には、手続き上の死ということです。

自宅療養中に心肺停止状態になっているところを、家族が見つけたときや事故などで心肺停止状態で、病院へ搬送され死亡を確認したときに手続き上の死亡が確定するものをいいます。

つまり、それまでは手続き上は生きているということでもあります。

自宅でともなると、２４時間を超えてしまえば警察の検視が必要となるわけですから、それまでに死亡診断書が必要であり、家族に余計な負担をかけずに済むということでもあるわけですね。

三つ目は、法律上の死をいいます。

これは臓器移植報道でさんざん言われていたことですから、ご存知かと思いますが、脳幹を含めた脳死をいいます。

大脳が死んでいても脳幹が生きていれば、水と栄養を患者に送り込んでいれば生きているということになり、植物状態のことなんですね。

以前は植物人間と言ってましたけど、今は言いません。

そしてもう一つ、現代医療が作り上げたともいっても言い過ぎではないのではというのが、延命治療です。

家族はとにかく生きていてほしいといったことを。

さあ、こんなときあなたなら、どうします？

延命治療を選択したとき、現実に困ることが出てくるんですね。

いつ延命治療を終わらせるのか。

最終的には家族の決断になりますよ。

医療の現場では目の前の現実の説明だけってこと。

そういうことを、まずは知っておく必要がありますね。

つまり、延命治療というと何か聞き心地の良い話として感じてしまうのかもしれませんが、決断を先送りするのかしないのかであって、現実をしっかり受け止める必要があるってことなんですね。

延命をしない後悔と延命を終わらせる後悔と、どちらが大きいのか難しい話でもあります。

生まれる命、生きる命、死ぬ命の三つを見て命と向き合うといえるでしょう。

悲しみやさびしさは時が忘れさせてくれるけど、思い出だけは決して、さよならはしない。

あなたが地上にいる限りは、よりそってくれているのです。

生まれるとき、生きるとき、死ぬときの命を見つめることが、命と向き合うということであって、感情と無関係に現実が突きつけられたときに素直に受け入れられるようでありたいし、そうでなければならないとも思うのです。

そうはいっても、家族が仕事に出なければならない現在にあって、どう現実を受け止められるかは、医療側の説明力と家族側の聞き力が問われてもいるようにも思える。

どう見たって、医療のパフォーマンスなんてものは異常なことじゃないですか。

感情だけで見ていてほしくはないですね。


いつものように歩き慣れた駅のホームを、軽快に前へ前へと、テンポ良く進めていた。

階段までは、まだ、距離はあると信じ切って調子よく。

階段の手前には点字ブロックがあるんだから、問題はないはずだと。

ところが、急に底がなくなって、おれの体はバランスを崩し前屈みになり、あとは転落するしかないようなことに。

「そのまま走って、信じて走って」

おれの脚は、勝手に前へ前へと出して階段をかけ下りている。

もうおれの意志はどこへやら、まったくコントロールが効かなくなっている。

それでもおれの脚は信じられないほど軽快にかけ下りているのだ。

このままかけ下りていても、どこかで転がり落ちるのではないかという恐怖感が襲ってきたのである。

また、おれの体はだれかに支配されているのか、まったく思うようなことができない。

踊り場までの十数段の階段が、とても長く感じて。

もう、そろそろこの辺で、おれが終わるんだなって、思ってしまった。

やっと最初の踊り場にたどり着いたとき、あんなに軽快に前へ前へと勝手に出ていた脚が止まったのです。

「ほらね、大丈夫だったでしょ」

支配されていたおれの体が、急に軽くなって力が抜けて鼓動が走る。

壁によりかかって、走る鼓動が治まるのを待ってから、階段をゆっくり下りていくことにした。

今度は助かったんではない、助けてもらったんだ。

階段の手前には、必ず点字ブロックの上を歩いているはずなんだけど、記憶にないのであるよ。

それだけ、いいかげんな歩行をしていたということであろう。

後方車両の何両目に乗っていたのかを、頭に入れていなかったことが、そもそもの始まりなのであるよ。

慣れという過信が、おれの気持ちのゆるみが、ある意味生死を分けることにもなるってことを、助けてもらいながらも教えられたというわけだ。

洞窟ではおれを誘いながらも、今度は走れと言ってくれた。

体を支配されていたのに自分の力を振り絞って支配から離れたのに対して、今度は支配に従っていながらでも離れていく。

なんということか。

おわりに

生まれる命、生きる命、死ぬ命は永遠の生きる時の道で、どこでだれと出会って、どんな影響を受け合いながら、ともに成長してきたか。

そして、次の時の道はどこまでも続いている。

生きている限りはです。

これまでの生きる時の流れの中で、小さな思いとして、本が出せたらいいなあ、レコードを出せたらいいなあってのがあったんですけどねえ。

思いは浮き上がっては来なかった。

ところが、今回ちょっと思いつきで書きはじめてみたら、次から次へとキーボードをたたく指がすすんだということで、なんとかここまでできました。

健康でいつまでも人間らしく生きられたら、これ以上の喜びはないですよね。

若かった頃には、そんなことなんて考えもしないのに、年齢を重ねるにつれて元気があればなんでもできるじゃないですけど、その時がきて初めて知ることが、どうであれそうありたいと思うものなんだってことに、気がつく。

初めて人生を振り返ってみて、そういえばおれの3年のビハインドは結局どうなったんだろう。

取り返すことができたのか、今もビハインドは目の前にすっくと立ちはだかっているんだろうか。

そこが、おれには見えていない。

それでいいんだと言われれば、そういうことなのかも。

3年のビハインドが、ここまでの道のりの選択をしたセンターラインであったということだけは、はっきりしていると思っている。

もうすぐ臨床から離れるときがくる、そこから先は、自分自身の健康管理のための治療ということになるであろう。

鍉鍼《ていしん》一本あれば、鍼から離れることはないですから、一生もちつづけることになるでしょう。

そういう道を、30代に選んだんですから、まあ、趣味と実益みたいなもんですからね。

鍼ってどういうものかというと、爪楊枝《つまようじ》そのものの形ですね。

ですから、爪楊枝一本あれば治療が成り立っちゃうんですね。

不思議な話でしょ。

これが、漢方医学の不思議なところでもあり、面白いものでもあり奥深いものでもあるんですね。

もちろん、そうさせるにはそれなりの技術が求められているからこそできる技ともいえるんじゃないでしょうか。

臨床という場に入ることが運命づけられていたのか、少なくとも自分で決断した記憶はどこにもないというか、緩やかな気持ちで選んでしまったから、記憶の中に決断が見えていないのかもしれない。

命と向き合うということが、生きる命でしかなかったことは事実である。死ぬ命を見ようとはしなかったのは、怯《おび》えがあったから。だれもがそうであろうと思うのだが。

何がどうあれ、とにかく生きていてほしいと家族はいう。しかし、その本質の裏には、生活が変わってしまう恐怖感がそうさせているのではないだろうか。

仮に生きていたとして、管につながれていることがそれでいいのだろうか。その家族の働き手だったら、経済はだれが支えるのでしょう。

感情とは無関係に、現実は突き刺してくるのです。

育ててくれた母親を見送ったとき、命と向き合ってはいなかったことに気がつかされました。

生まれる命と同じように、死ぬ命にも素直に向き合ってほしい。

今回、このような話を書くことには、現役を引退する前に人生を振り返ってみるといいと、何かの本に書かれていて、後ろをたどってみるなら本にするつもりで書いてみるのもいいと、そんなことを言ってたんですね。

それなら、一度やってみようかってことで書き始めたんですが、どこから振り返ればいいのか。

おれは立ち止まってしまったんですね。

28歳から臨床にたずさわってきているんだから、そんなところから書いてみるといいのかなって。

ところが、やっぱり立ち止まってしまうんです。

2010年にYahoo!ブログで、臓器移植から命というテーマで、1年間毎月一つずつ書いていて。

これを本にしませんかという話があったんですけど、どうしても書くことができなくて、話は立ち消え。

それだったら、角度を変えて命をテーマとして、人生を振り返ってみようかってことにしてみたんですね。

なんといっても、幼い頃のショッキングな出来事が。

妹の死です。

おばあちゃんに、としボー、陽子のほっぺを触ってみなって、言われて。

ふっくらしたほっぺが、冷たかったのを、今でもはっきりと覚えている。

「としボー、死んじゃうってことは、冷たいってことなんだよ」

おばあちゃんに言われたことが、なんかよく分からなかったけど、そこだけは、今でも忘れることはない。

冒頭で夢の話をしているのも、駅の階段から転落しそうになったのも、思い込み一つでどうにでも理由付けなんてものはできる。

大事なことは、今生きているものが気持ちの後始末ができたら、次の世代へたすきを渡せればいい。

具体的なことは知らなくても、そこにいたということだけでいい。

この本も、そのためのものでありたい。

ただ、それだけのことで書いてみたというわけです。

ここまで、読んでいただいた方に感謝申し上げます。

ありがとうございました。

この、地上にこんなやつがいるんだということを、知っていただいただけでも、うれしい限りです。

今では全盲になってしまったことで、出歩くことが少なくなっていますけど、25202日とりあえず生きました。

そして、この先も、地上に存在し続けられるでしょう。

目標は、平均寿命でもある81歳。

それを超えれば、貯蓄を取り崩すようなものですから、人間らしくそうありたいんですよ。

生まれた瞬間から、時の道をどれだけの人と出会って、どんな物語を描き歩んでいくものみたいな。

時の道が消えてなくなったとき、記憶の向こうにある物語をもっている人がいてくれる限りは、そんな時の道の物語を話してくれるであろうよ。

そして、生きる時の中の物語という道は、まだまだ続いているのであります。

後ろを見て過去を学び、横を見て今を知り、前を見て未来を語る。

これが、人生というもの。

その人生はチャレンジであれ。

生きる時の道は、そうやって作られていくものであるのだから。

おれは後ろを見ようとはしなかった、そのツケは大きすぎたようにも思えたりもしている。

後ろを訪ねてみて、今ここにいる生きる時の道の途中で思うのです。

後の話は、ブログの方で見ていただければと思いますので、よろしければそちらで。

利ボーなんですけど
https://ameblo.jp/misato1954/

年表

1954年1月11日	誕生
1961年4月	三郷村立第三小学校（現在の三郷市立戸ヶ崎小学校）入学
1964年4月	埼玉県立盲学校（現在の塙保己一学園）入学
1974年3月	埼玉県立盲学校卒業
1974年3月	あんまマッサージ指圧師免許取得
1974年4月	ヘレン・ケラー学院鍼灸科入学
1974年5月	スター誕生オーディション
1974年10月	文化放送フォークソングオーディション
1975年6月	恩田マッサージ開業
1977年3月	ヘレン・ケラー学院鍼灸科卒業
1977年3月	はり師・きゅう師免許取得
1978年6月	電話級アマチュア無線技士（現在の第4級アマチュア無線技士免許）取得
1978年12月20日	アマチュア無線局開局

１９７９年７月	治療室を開設
１９８０年１１月	恩田治療院に改名
１９８３年４月	東洋はり医学会入会
１９８４年４月	東洋はり医学会埼玉支部加入
１９８７年４月	東洋はり医学会埼玉支部長就任
１９９３年４月	第２級アマチュア無線技士免許取得
１９９３年１０月	第３級陸上特殊無線技士免許取得
１９９５年４月	漢方鍼医会入会
１９９６年秋	総合学習に関わりを持つ
２００４年８月	恩田治療院ホームページ開設
２０１１年３月	総合学習から外れる
２０１２年	恩田治療院ホームページを閉鎖
２０１６年１０月	スマホでアメブロを始める
２０２４年１月１１日	古希を迎える

参考図書

『りんごは赤じゃない：正しいプライドの育て方』　山本美芽（著）新潮社
『空耳の科学～だまされる耳、聞き分ける脳～』　柏野牧夫（著）ヤマハミュージックエンタテイメントホールディングス
『新版 心の消化と排出——文字通りの体験が比喩になる過程』　北山修（著）作品社
『帰れないヨッパライたちへ 生きるための深層心理学』　北山修（著）ＮＨＫ出版
『赤ちゃんは世界をどう見ているのか』　山口真美（著）平凡社
『記憶する体』　伊藤亜紗（著）春秋社
『目の見えない人は世界をどう見ているのか』　伊藤亜紗（著）光文社
『貧血大国・日本 放置されてきた国民病の原因と対策』　山本佳奈（著）光文社
『生物はなぜ死ぬのか』　小林武彦（著）講談社
『７０歳が老化の分かれ道』　和田秀樹（著）講談社
『マネジメント　基本と原則』Ｐ．Ｆ．ドラッカー（著）ダイヤモンド社

本書のテキストデータ引き換えについて

視覚障害その他の理由で必要とされる方からお申し出がありましたら、メールで本書のテキストデータを提供します。
なお、個人使用目的以外の利用および営利目的の利用は認めません。

ご希望の方は、ご自身のメールアドレスを明記したメモと下の『おれの生きる道』テキストデータ引き換え券（コピー不可）を同封のうえ、下記の宛先までお申し込みください。

〈宛先〉

〒433-8114
静岡県浜松市中央区葵東2丁目3－20　208号
読書日和
『おれの生きる道』**テキストデータ係**
（担当：福島）

『おれの生きる道』
テキストデータ引換券

おれの生きる道

著者　恩田 利夫
発行者　福島 憲太
発行日　二〇二四年四月二十九日
定価　一、八〇〇円（税別）
発行所　読書日和
所在地　〒四三三-八一一四　静岡県浜松市中央区葵東二丁目三-二〇　二〇八号
電話　〇五三（五四三）九八一五
Eメール　dam7630@yahoo.co.jp／公式サイト　http://dokubiyo.com
編集・ブックデザイン　余白制作室
※本書の文字は、全てユニバーサルデザインフォントを使用しています。
印刷・製本　ちょ古っ都製本工房
ISBN 978-4-9910321-8-9　C0095
乱丁・落丁本はお取り替えいたします。右記までお問い合わせください。